美しいものを信じて

兄弟を通して神様のもとへ

編集・監修　フォコラーレ

サンパウロ

まえがき

「心を尽くし、魂を尽くして、神を愛しなさい」。これは、聖書が教える一番目の掟です。二番目の掟もこれと似ています。「隣人を自分と同じように愛しなさい」。

私たちは、神を直接仰ぎ見たり、神に直接仕えたりすることはできませんが、一方、神の似姿として造られ、神の子どもとなった兄弟姉妹を愛することによって、人間の中におられる聖なる存在、父なる神を愛することができます。こうして、神聖な愛と人間的な愛は、一つのものになります。ちょうど、キリストの神性と人間性が、キリストの内に一つであるのと同じです。私たちが隣人のためを思って言うこと、なすことは、そのまま神のためを思って言うこと、なすことになります。また、私たちが隣人に反感を抱きながら言うこと、なすことは、そのまま神に反感を抱いて言うこと、なすことになります。これが、神と兄弟姉妹を結ぶ関係です。

もし、そうであるなら、兄弟とのやりとりは、神とのやりとりになります。無限の存在であられる創造主と、取るに足りない小さな被造物。一見あり得ないようなこの両者の出会いが、いとも容易なものになります。神への愛と隣人への愛。この二つの愛は親密に結ばれており、切り離すことができません。そこで、私たちが人と出会う時、私たちは全能の父である神のみ前に立つかのように、敬愛をもってその人に近づく必要があります。

兄弟や姉妹を愛すること。それは、神を愛することです。隣人に仕えること。それは、永遠の神に喜んでいただくための絶好のチャンスを手に入れることです。

私たちは、ふつう一日の多くを人々との関わりのうちに過ごしていますが、それは、神との絶え間ない交わりのうちに生きることを意味します……。

兄弟を愛することで、私は神を愛し、神と一つになろうとします（相手と一つになろうとすることは、すでに愛です）。すると、神の方も私を愛して、私と一つになろうとしてくださいます。

その時、兄弟を通して来られるのは聖霊です。神、私、兄弟を愛が一つに結び、そこに生まれてくる三位一体的な関係。愛によって、私たちは神の内に一つに結ばれます……。

キリストを愛する人は、自分が愛している人を一段高い所に置きます。そうすると、兄弟姉妹は、まるで私たちの救いのために与えられた大切な道具のように見えます。聖カタリナは、私たちが行う善も悪も、すべて、隣人との関わりの中で行われる、と教えました。そうであるなら、自分を待ち受ける永遠の運命を、私たちは自らの手で今から準備することになります。なぜなら、私たちの運命は、私たちが隣人とどのように関わるかによって決まるからです。私たちの救いは兄弟を通してやって来ます。もし兄弟を愛さないなら、私たちは、それ故に自らの救いを逃してしまうことになるのです。

目に見える兄弟を愛せないで、
どうして目に見えない神を愛せましょう。

イジーノ・ジョルダーニ[1]の言葉より

（1）　イジーノ・ジョルダーニ（一八九四－一九八〇）フォコラーレ運動の共同創立者。イタリア・ティヴォリ出身、二十世紀有数の政治家、著作家、ジャーナリスト、平和活動家として名をとどめている。一九四八年、キアラ・ルービックとの出会いを機に、フォコラーレ運動の精神に深く心を打たれ、一致の精神を自らのものとして運動の内面性、社会性の発展に大きく貢献した。

すすめの言葉

私が最初に会ったフォコラーレの方は、ナターリアという方でした。ローマ留学を終えて帰国する時、飛行機に乗るためにバス移動をする時、あるご婦人から「日本人の司祭ですか?」とイタリア語で尋ねられました。ところが成田まで機内で彼女とずっと同席しました。彼女の物腰の柔らかさとほほ笑みが、とても印象に残っています。彼女が、創立者のキアラさんと初めから一緒だった大切な仲間の一人だったと後で知り、驚きと同時に幸せな気持ちになりました。

それから数年後、私は福岡サン・スルピス大神学院におりましたが、新垣政男さんと工藤さんという方が訪ねて来てくださいました。家庭の日常生活の中での相互愛などが話題だったと思います。その時も、新垣さんのにこやかさと優しい語り口、家族の一致を大切にしている工藤さんのお考えが、いかにも愛を生きている人たちだと感じさせられました。

フォコラーレの目指す理想は、「真ん中におられるイエス」、「十字架上で見捨てられたイエス」と一つになって、イエスの究極の愛を生き、すべての人々の一致を実現することです。キアラは、「見捨てられたイエスは、私たちの霊魂が神と一致するための道であり、鍵ですが、……隣人と一致するための鍵、隣人を愛するため、兄弟が互いに愛し合うための鍵でもあります」と言っています。

そう言われると、愛することはとても難しいことだと感じるかもしれません。しかし、フォコラーレの精神を知っている皆さんは、日常生活の中で、今という瞬間にその愛を生きようとしておられるのです。それは誰にでもできそうな、小さくささやかなことかもしれませんが、確実に神と一致させる隣人愛なのです。

今、その愛の体験の数々がここで語られています。それは、読者と分かち合うためです。体験を聞き、それを追体験する人が増えれば、それだけ愛の輪が広がって行きます。愛することは、物語だけではなく、生きることです。愛は生きることによって伝えられます。

日本でも世界中でも、ますます、独りよがりで、自分の思いどおりにならないなら、人の命さえ抹殺する人たちがいたり、貧富の格差がますます激しくなるのに、貧しい人たちのことを顧みようとしない金持ちたちが増えたりしています。そのような人間社会の中で、真実の愛をひたすら追い求め、決して大げさでも派手でもなく、しかし、確実に見捨てられたイエスと一致することで神の愛を生きる人たちがいるのです。そして、フォコラーレの愛の精神は、決して仲間内だけの愛ではなく、泣き、苦しみ、貧しさと困難のうちにある人々の中に見捨てられたイエスを見、愛することへ、さらに異なる思想や諸宗教の人々との一致へと常に広がろうとしています。

イエスが、十字架上で御父に見捨てられたと感じながら唱えられた詩編22の最後の方に、次のような言葉があります。「地の果てまで、すべての人が主を認め、御《み》もとに立ち帰り、国々の民が御前にひれ伏しますように」（28節）と。一人ひとりが見捨てられたイエスと一致するために「相手とまったく一つになる」とき、神の愛の交わりの中で全人類が一つになることでしょう。読者の上に聖霊の愛のたまものとお導きをお祈りいたします。

カトリック長崎大司教区　大司教　ヨセフ髙見三明

目次

1　わたし　兄弟　神様

「わたしたちは、
自分が死から
命へと移ったことを
知っています。
兄弟を愛しているからです。」

一ヨハネ　3・14

ぼくも同じだよ

「こどもの日」に、お父さんとお母さんと弟と一緒に、遊園地に遊びに行きました。お父さんは、遊園地で、ぼくたちに風船を買ってくれました。

帰りの車の中で、弟はその風船で遊び始めました。でも、風船がバックミラーに映って、お父さんの運転の邪魔になりました。お父さんは弟に注意して、危ないから車の中では風船で遊ばないようにと言いました。でも、弟は、お父さんの言うことを聞かずに遊び続けたので、お父さんはバックミラーが見えなくなり、弟を叱りました。そして、「今度、風船がバックミラーに映ったら、もう風船をお空に飛ばしちゃうからね」と言いました。それでも、弟は言うことを聞かないで、まだ遊び続けたので、お父さんは、ついに怒って弟から風船を取り上げ、それを本当に窓から空に飛ばしてしまいました。弟は、わーんと泣き出しました。

ぼくは、ふと手に持っていた自分の風船に目をやりました。すると、弟もぼくの風船を見ていました。ぼくは、少し考えてから、弟に「ぼくも同じだよ」と言って、窓から風船を飛ばしました。すると、弟はだんだん泣きやんで、二人で仲良く遊びました。

（山梨　Ｔ・Ｃ）

司教からの小さなプレゼント

医者から勧められていた毎日の散歩をしながら、最近移ってきた新しい土地の様子を知りたいと思って見回していました。実際、私は、最近その地域の司教になったのです。

何日かした時、司教館の部屋が、少しでも神様の美しさを映し出すものとなるように、片付けごとをしていました。すると、何本かの青銅の燭台は、周りの調度品とあまり調和していないことに気がつきました。それで、最近、散歩をしていた時に見つけた、下取りをしてくれる小さな店のことを思い出しました。国がこれだけ経済困難の中にあるので、その店の持ち主は、かなり困っているかもしれません。

そこで、秘書を呼んで、その燭台を包んで、手紙と一緒に、その店の持ち主のところに持っていってくれるように頼みました。「これは、司教からの小さなプレゼントです。もし、売れるものなら売って、お金は貧しい人に上げてください。でも、あなたがそれを必要としているなら、あなたがそれをもらってください」と書きました。その日の午後、突然、その店の持ち主が司教館にやって来て、どうしても私に会いたいというのです。そこで、会いに行くと、私にこう言いました。「司教様、実は今日、私は自殺しようと思っていたんです。でも今日、司教様の秘書が訪ねてきてくれた時、まだ、自分に関心を示してくれる人がいるのだと分かりました。それで、自殺はやめました。本当にありがとうございます」と。

（アルゼンチン　R司教）

共通点を探す努力

私は小さい頃から妹とは仲が悪く、妹が嫌いでたまりませんでした。お互いに顔を合わせれば、小さなことが原因で、手を上げるほどの大げんかをしょっちゅうしていました。もし妹が、私に黙って私の文具や洋服を使おうものなら、私はものすごい剣幕で怒り、妹が着込んでいる洋服さえ奪い返しました。私がクリスチャンになろうと思った頃から、輪をかけて姉妹げんかはすさまじくなりました。その原因は、妹が仏教徒ということで宗教論議が加わったためです。お互いの対立の溝は深くなっていく一方でした。

そんな時期、フォコラーレの精神と出会い、み言葉を生きたいと思うようになりました。「隣人を自分のように愛しなさい」「敵をも愛しなさい」というイエスのみ言葉に心を動かされ、実行する時だと感じました。

私にとって一番身近すぎる妹を愛するには相当な困難が予想されましたが、まず妹を愛さなければならないと思い、実行し始めました。妹が欲しがっていた小物をプレゼントしたり、洋服をすすんで貸してあげたり、穏やかな口調で話したり、私の方から愛するよう頑張りました。そして宗教の話題になった時は、違いばかりに目を留めず、共通点を探そうと努力しました。そうしていくうちに、共通の教えがあることを二人で発見し、その時、どんなに喜び合ったか、よく覚えています。

ある日、妹が自分の本棚から一冊の聖書を私に手渡し、「使ってほしい」と言いました。欲しかった聖書を、まさか妹からもらうなどとは夢にも思っていませんでした。み言葉を生きることによって、神様が百倍の喜びをプレゼントしてくださったと心から感謝しました。
その後、妹との関係はとても良くなり、今では、信頼し合う仲良し姉妹になりました。
（東京　M・G）

「自分が正しい」という考えをわきに置く

私は保育所に勤務しています。保育所で同僚とペアを組み、協力し合って一緒に子どもの指導をしていかなければなりません。ところが、そのペアを組んでいる保育士が、私に対してライバル意識を持っているのを感じ始めました。カリキュラムを決める時にも、私が持ち出すアイデアにあまり良い顔をせず、受け入れてもらえない時がたびたびありました。時には皮肉めいた批判を言われ、なぜ受け入れてもらえないのだろうと悲しくなりました。小さなことですが、私にとっては十字架に思えました。

そんな時、イエス様の「自分の十字架を背負って、私に従いなさい」というみ言葉を思い出し、勇気を出し、彼女の中のイエス様を愛そうと決心しました。急いでいる仕事の途中でも、彼女が話しかけてきた時は耳を傾けたり、すすんで彼女の仕事も手伝ったりするようにしました。

お遊戯会の時期が迫った頃、彼女の指揮で私がピアノを伴奏し、子どもたちが合唱することになりました。練習の日、私の伴奏が間違っていると彼女に指摘されました。私は譜面どおりに弾き、間違っているはずはないと思いました。不満そうな彼女の様子を見て、彼女を愛するために自分に死ななければならないと感じました。自分が正しいという考えをわきに置いて、彼女を愛するためだけに心を尽くして、指摘どおりにやり直しました。弾きづらく、不自然なテンポを必死で練習したので、お遊戯会当日には、不自然な感じはなくなり、無事にやり遂げることができました。その後、少しずつ彼女とのわだかまりも無くなり、前よりも、ずっと良い協力関係が生まれました。

み言葉を生きようとする時、隣人の中におられるイエス様に気づきます。そして一層愛したいという思いでいっぱいになります。もちろん、困難に出会い、愛せなくなることもあります。でも大切なのは、そこで立ち止まらず、やり直しながら前進していくことだと分かりました。毎日がトレーニングです。

（東京　N・O）

2　ゆるし

私たちは、身近な人を
つい裁いてしまいがちです。
兄弟の中にイエスを見て、
愛そうと決心したはずなのに、
相手の欠点や、足りない所が
いつしか思い出されて、
私たちのまなざしは複雑になり、
私たちの内から光は消えて
一致が崩れてしまいます。

みんながそうであるように、
この兄弟も過ちを犯したかもしれません。

でも神は、その人をどう見ておられるでしょう。

神が血を流され、すべてを消し去られたなら、
なぜ、私はいつまでも兄弟の過失を思い続けねばならないのでしょう。
間違っているのは兄弟ではなく、裁く私の方です。

神の目で物事を見ることに立ち戻りましょう。
兄弟がまだ　神に立ち返っていないなら、太陽が傷を癒やすように、
私の愛、私の内のキリストが、相手に
回心をもたらすかもしれません。

イエス様、これをプレゼントします

息子が小さかった時、少し変わっているのが周りの子どもたちに伝わり、息子をいじめようとする空気が出来上がっていくのが分かりました。ある日、上の娘と一緒に公園に遊びに行った息子は、ひどいいじめを受け、目の中も口の中も砂だらけになって、泣き叫んで家に帰ってきました。ぐったりしている息子を見て、主人も私も打ちのめされる思いでした。何度洗っても、息子が着ていた洋服の泥は落ちず、「どんなにつらい思いをしたのだろう」と思うと、涙がこぼれました。

私は、息子にこんなひどいことをした子をゆるすのは、自分の力では難しいと感じました。近くの教会に行って「私が相手の子をゆるせるよう､力をください」と祈り、家に戻る途中、私は、家のお手伝いでゴミを捨てるためにトコトコと歩いて来る一人の男の子に会いました。直感的に、神様がこの男の子に会わせてくださったと感じ、私はその子にニッコリほほ笑みかけました。それだけのことでしたが、心に大きな自由を感じました。後で娘が、「弟をいじめたのはあの子だ」と教えてくれました。こんな小さなことを通しても、神様は私たちが愛せるよう助けてくださるのを感じました。家で泣き疲れて眠っていた息子は、しばらくして目を覚ましました。私は息子を抱き締めて、「イエス様も十字架の上でとっても痛かったから、あなたも痛いのをプレゼントしてくれたのね」と言うと、息子は静かに聞いていました。

ある日、息子は幼稚園でお友達にたたかれたようでした。家に帰ってくると、「ボクはちょっとお祈りしてくるから、ママは待ってて」と言い、小さな十字架のイエスの像が置いてある部屋に行きました。そっとのぞくと、息子は、「イエス様、今日、お友達がボクにバーンってしたけど、これをプレゼントします」と言って、手でリボンを結ぶしぐさをして、空中に差し出していました。神様が息子に一番大切なものを下さっているのを感じました。

（東京　E・Y）

神様は、私の痛みをすべてご存じ

私は三十年近く、教会の役員をしてきました。夫の転勤のため、あちこちの小教区を経験しましたが、教会の仕事や活動には自主的に参加しても、教会内のねたみや中傷、足の引っ張り合いに直面した時には、教会に行くことすら嫌になりました。

みんなで教会のために働き、楽しく過ごせるはずのバザーでも、つらい経験がいろいろありました。

私が役員としてバザー全体をフォローしていた年、食堂でラーメン担当だったAさんから、面と向かって「Kさんはきれいな仕事ばかりやって、ズルイ。ここに来て私の代わりにラーメンをゆでてよ」と言われた時には、言葉を失いました。

ある年は、バザーでカレーがたくさん余ったので、捨てるのはもったいないと思い、一緒に働いていた人たちと分けて家に持ち帰ったところ、Bさんから「Kさんは、お金も払わずに、こっそりカレーを持ち帰った。泥棒ね」と、教会中に言いふらされたことを後で知りました。また普段は仕事が忙しく、あまり教会に来られない人が、バザーの機会にひょっこり顔を見せたので、「よく来たね！」と私は喜んで迎えたのですが、しばらくして、その人が泣いて私の所に来ました。言葉がキツイことで有名なCさんから、「何しに来たの？　バザーの時だけ教会に来て、いい度胸ね」とにらみつけられた、とのこと。

「神様の家」であるはずの教会が、どうしてこうなってしまうのか……と、悲しくなったことは数えきれません。それでも「教会も弱い人間の集まり。私も含め、完全な人はいないのだから」と、自分に繰り返し言い聞かせました。傷つく言葉を言われた時も、「売り言葉に買い言葉」は、人間関係を一層難しくすることを、数々の苦い経験から習いました。状況を神様に委ねて、「非難の言葉はゴックンと飲み込む」というコツも、私を憐れまれた神様が授けてくださった知恵かもしれません。

聖書の「ゆるしなさい」という言葉の実践は、簡単ではないでしょう。私も、傷つけられた相手を「ゆるした」とはなかなか言えないのですが、「相手を憎まない」「相手に会う時、挨拶を交わす」ことは、心がけてきました。「私の痛みを神様はすべてご存じだ」という確信が、平和と力を与えてくださったように思います。

そして、神様が本当に「正義の味方」であることも、長い信仰生活の中で、見せていただきました。理不尽な扱いを受けても、「最後まで耐え忍ぶ者は、救われる」と自分に言い聞かせ、家族にも支えられながら、信仰の道を歩み続けた時、神様だけがおできになると言える形で、真実が表に出てきて、周囲の人たちの見方や態度が変わるのを何度も体験しました。

（北海道　K・K）

小さな愛の行いの奇跡

私は、修道会の神父です。「これらの小さな者の一人にしたことは、私にしたのである」という聖書の言葉をまともに「信じて」、私が愛し始めた日のことは、今でも覚えています。その日は、ごく日常的なささいなことを通して仲間を愛したいと思いながら、修道院に戻りました。以前にも、いろいろ「良いこと」はしていたつもりですが、それは、いつも家の外でのことで、修道院の中ではさほどでもありませんでした。そこで、これからは、家の中の「隣人」に目を向けて、しっかり愛さなければならないと気がつきました。

ある時、人をゆるせなかったことがあります。「私の言い分」が正しいと思ったからです。自分の言い分が正しいと思っている限り、愛せないものです。ゆるそうとしても、ゆるせない。数日間、闇の中にいました。その頃、よく人には「ゆるし」の説教をしながら、ゆるしはキリスト教生活の奇跡で、神様の介入が必要なのだと言っていました。そこで神様に、二倍お助けを願いました。ある日、そのお恵みのもとで、私は自分の言い分をわきに置いて、小さな愛の行いをすることができました。それは、実際には食卓で、相手に食塩とサラダ・オイルを手渡す小さな行為でしたが、その瞬間、言い分も憤りもすっかり溶けていくのを感じました。心が軽くなり、ホッとして、それは、まさに小さな愛の行いが起こした奇跡でした。（イタリア　A・P神父）

今度だけは、ゆるしてあげる

私たち夫婦がフォコラーレと出会って以来、娘も子どもたちのグループに参加して、その生き方を知るようになりました。ある時、娘は、通っている幼稚園のお友達の家に遊びに行ったことがありました。

夕方に私が娘を迎えに行くと、お友達のお母さんが、娘に五百円の図書券をくれていました。そして、娘にお友達が持っている「幼児用の月刊誌と同じものを買ってあげてくださいね」と言われました。私は帰る車の中で、娘を叱りました。「どうして、預かってもらっているのに、お金までもらってくるの」。「どうして、お友達の持っているものを欲しがるの」。娘は叱られて泣いていました。私は「今度だけは、ゆるしてあげるから、もう二度とこんなことをしちゃだめだよ。今度だけはゆるしてあげるから」と言って家に帰りました。私は妻に、すぐお友達のお母さんに電話をかけて謝っておいて、と頼みました。

妻がお友達のお母さんに電話をかけてみると、少し事情が違っていることが分かりました。お友達のお母さんの話では、娘がお友達に本を見せてと言ったら、お友達は見せてあげなかったそうです。そしたら、娘はすぐに、別なおもちゃで遊び始めたそうです。それは、娘なりの「お友達とケンカをしないという愛の行い」だったのです。お友達のお母さんはその姿を見て、感動して、本を買ってあげてくださいと言ったのでした。

それを聞いた私は、娘の所に行って、「ごめんね、お父さんが勘違いしてしまったんだよ」と謝りました。

娘は少しふくれていましたが、ボソッとひと言、「今度だけは、ゆるしてあげる」と言ってくれました。

私たち夫婦の間でも、この「謝る」ことは、とても重要なことになっています。そして、私たちの場合は、夫婦げんかのあと、先に謝った方が勝ちということになっています。

（長崎　N・H）

3　現代人への招き

現代人にとって、
たいへん魅力的なこと。
それは人々と肩を並べて生活し、
人々と交わりながら、
高い祈りと瞑想の境地に至ること。

そして、群集の中に
自分を失うこと。
ちょうどパンを
ぶどう酒に浸すように、

神の存在を人々の間に
しみわたらせるために。

さらに、神が人類に対してもっておられるご計画に
自分も参加する者として、
恥、飢え、傷、つかの間の喜びを
隣人と分かち合いながら、群集の中に光の糸を織りなしていくこと。

今の世を引きつけるもの。
それはいつの時代もそうであったように、
限りなく人間的であると同時に神聖な存在。
それはイエスとマリア。

神のみ言葉、そして大工の息子。知恵の玉座、そして家庭の母。

人間的な思いを捨てて委ねる

私は公立中学校に勤めている教師です。精神的にも肉体的にも最も成長の著しい十二歳から十五歳までの子どもたちと共に過ごす日々の中で、彼らから数多くの感動と笑顔と喜びをもらってきました。教えられることも多くあります。しかし、時には苦痛と無力感に襲われる日々が続いたこともありました。

以前から教室に入る前は、神様に「すべての生徒を愛せますように。できることなら、授業を通して神様の愛を伝えられますように」と祈るよう心がけています。

公立の中学校ですから、見た目は同じ制服を着て、どの子も屈託のない明るい元気な中学生のように見えても、その実、能力も、家庭環境も、どうしてこんなにも違うのだろうと思うほど、いろいろな子どもたちがいます。

これからお話しするK君は、勉強する意欲がまったく見られない生徒でした。彼は、体も態度も大きく、よく問題を起こすグループの中心的な人物でした。グループの他の子どもたちの多くが厳しい家庭環境にいるのに比べて、K君は恵まれた状況にいました。

ある日、一人の男子生徒が遅刻して入ってきました。K君はその子の前に足を出し、つまずきそうになったその子に向かって、「来るな。臭くなる」と言いました。私はびっくりして腹が立ち、「言って良いことと悪いことがあるでしょう！　人を傷つけることは言ってはいけない」と言うと、K君は、「だからあ？」とか、「こいつは人間じゃない」といった返答です。

以前にも、こんな状況になったことがありました。その時の私は、「彼が間違っているということを分からせなければ」という思いで、きつい言葉で叱り、押さえつけようとしました。教師としての力量を示そうとすればするほど、私の言葉は空回りし、反抗的な目と言葉だけが返ってきました。そんな悪い経験が頭をよぎりながら、でもここで引き下がることはできないと、K君の腕を強く握り締めました。その時、K君がいきなり立ち上がり、彼の巨体が私を見下ろす形になりました。私は一瞬危険を感じましたが、すぐに「ああ、この子を心から愛せますように」と祈りました。すると本当に不思議なことに、K君は一人で腕を背中に回した態勢になって、「痛い、痛い」と言っているのです。私は手を離しました。

「もう言わない？」「分かった。分かった」。

そして不思議なことに、K君はその男子生徒にも他の人にも、そうした悪態をつかなくなりました。人間的な思いを捨てて、神様に委ねた時、私にはできないことを神様がなさってくださったように感じました。

（東京　A・F）

隣人にしたことは、神様にしたこと

私は中南米の小さな町に生まれました。六人兄弟のとても温かい家庭でした。幼い頃から両親はキリスト信者として良い模範を示してくれましたので、私は御父である神様の存在を、とても近くに感じていました。十五歳の時に、フォコラーレと出会いました。最初の出会いの時、フォコラーレについては何も理解できませんでしたが、そこにいた人々の間にあった喜びに満ちた雰囲気は、私の心をひきつけ、そこを立ち去り難かったので、私もぜひ、仲間に入りたいと申し出ました。でも、その時返ってきた答えにびっくりしました。「それでは、福音を毎日生きてみて。後でまた、声をかけるから」というものだったからです。

こうして福音を生きる冒険が始まりました。学校では友達が試験の準備をするのを手伝ったりしました。休みの間、ゆっくり休んで、自分の計画を実行する代わりに、家にいて、今度試験を通らないと落第しそうな友人たちと一緒に勉強するように努めました。それは「この最も小さい者の一人にしたのは、私にしてくれたことなのである」というイエスのみ言葉を生きることだったからです。

高校の頃は、心理的に不安定な時期でしたが、福音を生きている仲間たちに会うと、再び励まされ、できるだけ福音に忠実に生き、証しする力を得ることができました。そして時とともに私の内には、こうした生き方をもっと深めたいという望みが生まれ、イタリアのフィレンツェ近郊にある「ロッピアーノ」の町[2]に行くことになりました。その町には、世界中から福音に沿った生き方を学ぶために、数日、あるいは数カ月、または数年間滞在する人々が大勢やって来ます。

ロッピアーノから帰国して数年の後、私は法律と政治学の勉強を終え、外交官の仕事に就くことになりました。

最初は南米のある国の大使館で働きました。その頃、大きな喜びを与えてくれた経験は、拘置所に入っていた大勢の人たちを助けることができたことです。多くの人々は読み書きも知らない、貧しい人たちでした。弁護士にお金を払うことができず、訴訟は裁判所まで行くのに何年もかかり、拘置所の中で最終判決を待ちながら過ごしていたのです。それ故、判決の刑以上に長い年月をそこで過ごさなければならないこともよくあり、囚人たちは文字どおり大勢の人に忘れられていました。私は数人の弁護士たちと一緒に彼らを訪問し、慰めようと努めました。

十年後、自分の国で数年間、勤務することになりました。そこでもイエスの教えに従って生きることを証しするために、同僚や奉仕を必要としている人々と幾つもの経験をしました。

ある日、ある団体が、国の助けを求めてやって来ました。それは電気料金を下げてほしいという要求で、その地方全体にとって大きな利益となることでした。事務員はこの要求への回答には数カ月が必要だと答えました。私はそれを聞いて、直接にこの

（2）　証しを目的としたフォコラーレ運動のモデルタウン。世界中からやって来る若者、家族、司祭、修道者などが、「わたしがあなたたちを愛したように、あなたたちも互いに愛し合いなさい」というイエスの「新しい掟」で結ばれて生きることを目指している。

件を取り上げ、この人たちを関係省庁に案内し、その日に手続きを終えることができました。

またある日、省内で大使たちとの会議があった時のことです。会議がとても遅くまで続き、みんなコーヒーが欲しいと言った時には、もう係の人は誰もいませんでした。外交官部の同僚たちは手を貸そうとしません。その時、イエスが具体的な奉仕を通じて愛するよう望んでいることを思い出して、私はすぐに、コーヒーを準備して持って行きました。数日後に大臣に呼ばれて、ある国際会議に政府の代表として私を選んだ、と告げられました。外交官部には、私よりももっと経験のある、優れた人もいたはずですが、私が上司の信頼を得て、この会議に代表として選ばれたのは、きっと毎日の仕事の中で、みんなに仕えようとしていたからにちがいないと思いました。

その後、私は再び外国の大使館で領事として働くことになりました。

数カ月前、一人の女性が主人と子どもを連れて大使館にやって来ました。彼女は国際結婚で、子どもの登録のことで相談に来ましたが、残念なことに必要な書類がそろっていませんでした。これでは何もできないと言って帰ってもらうこともできましたが、同時に、隣人に対する愛を実行する機会だとも感じました。どんな小さなことでも、隣人にしたことはイエスにしたことだ、というみ言葉をもう一度思い出したからです。しかし、それは書類を作るのに多くの時間を必要とするだけではなく、文書に対する保証と責任を負わなければならないことでもありました。これはすべきかどうか、むしろ何もしないで、できないと言った方が良いのではないかと迷いました。でも隣人であるこの人々を具体的に愛さなければならないこと、そして、もし私がこの人たちの立場にあったら、きっと助けてほしいと思うにちがいないと考えました。そこで、この問題を解決するために力を尽くそうと決心しました。やっと最後に子どもの登録手続きを終え、書類を本国の省庁に送ることができ、この夫婦はとても喜んで、感謝してくれましたが、感謝しなければならないのは私の方でした。人々への奉仕という生活を生きる可能性を与えてくれたからです。

このように生きる時、大きな幸せと自由を感じます。それと同時に、神様への感謝を感じずにはいられません。

（コスタリカ　H・V）

4 祈り

誰かが
肉体的に苦しみ、
疲れきって
教会にも行かれず、
「祈り」に必要なことは
何一つできないとしても、

その人は
自分の生活のすべて、
自分の一日、

自分の苦しみを神にささげることができます。

これは、最も深い祈りの形の一つです。

たとえ見た目には、一般的な祈りの形をとっていないとしても、
その人は、すべてを神にささげているからです。

その態度こそ、人が神との関わりを見いだすために必要なことです。(3)

神様だけと向かい合う時

クリスマスを前に、仕事からの帰宅途中、横断歩道を渡っていた時のことです。私は、前の方を歩いていましたが、途中で後ろを振り向き、また前を見直したところまでは覚えているのですが、その後のことについてはまったく記憶がありません。数日間、私は意識不明の状態が続きました。やっと意識が戻って目を開くと、私の両手には、点滴のための針が刺されていて、病院のベッドの上に横たわっているのが分かりました。また、時々、気がつくと、両親をはじめ、職場の同僚など、知った人たちの顔が私を見つめ、励ましてくれているのが分かりました。私は、体を動かすことがで

(3)　パスクワレ・フォレジ（一九二九―二〇一五）の言葉より
フォコラーレ運動の共同創立者。イタリア・リヴォルノ出身の司祭。教皇庁ラテラン大学、聖グレゴリオ大学にて哲学と神学を学ぶ。フォコラーレのチッタ・ノーバ社をはじめ、世界各地の「フォコラーレ運動の町」の誕生に貢献。『*Teologia della socialità*』（1963）、『*Il Testamento di Gesù*』（1966）、『*Problematica d'oggi nella Chiesa*』（1970）など、著作多数。

きず、その人たちときちんと話す力もありませんでした。

そのような中で、私は、今まで一度も会ったことのない、ある親子の姿を目にしました。二人は絶望と、大きな怖《おそ》れのまなざしで私を見つめていました。

そのあと、私は交通事故に遭ったのだと聞かされ、自分に何が起こったのか、はっきりと認識することができました。横断歩道を歩いていた私は、信号を見間違えたその少女の車にはねられたのです。それを知った時、私は、「すべてが神様の愛」という言葉を思い出しました。私は、この親子が心から哀れに思われ、深い苦しみのどん底に落とされてしまったこの二人を、愛である神様は、決して裁いておられないこと、ゆるしてくださっていることを、すぐに分かってもらいたいと思い、愛を込めてほほ笑みのまなざしを二人に送りました。すると、二人は、今までの緊張した状態から解放されたかのように、少し安心した顔になり、ポロポロと涙を流し始めました。

事故から一週間後、意識が完全に戻った頃、最初に救急車で運ばれた大学病院の医師たちは、私に命の危険はもうないと判断し、私は次の病院に移されました。ところが、熱は下がらず、遠くを眺めようとしても、視力がふらついて、片耳は、かなり聴力を失っていました。私は、ほとんど何もできない姿になっていました。私の心の中には、十字架に架けられ、苦しんでいるイエス様の呼びかけが聞こえてくるような気がしました。「さあ、勇気を出しなさい。あなたは、私と似た姿になったのですよ。私はみんなを愛しているから、この苦しみをささげたのですよ。元気を出して、私と一緒にみんなのために、その苦しみをささげましょう」と。

イエス様が、私と共にいてくださる、私も少しでも、イエス様に似た者になって、共に苦しみをささげることができる。そして、十字架の向こうには、復活があるという確信が、私を強くしました。次第に、この苦しみは、神様からの大きな愛の贈り物なのだと分かり、私の心は喜びに満たされました。

また、何よりも私を力づけてくれたのは、神父様が届けてくださるご聖体のイエス様でした。ご聖体をいただくと、病室の中にいても、私は、イエス様のように、今日出会う一人ひとりを愛そう、喜ばせてあげよう、という気持ちがどんどん大きくなるのを感じました。

私の病室には、三人が入院していましたが、だんだん、お互いに相手を助けてあげよう、という心のつながりが生まれ、カーテンを閉めてあげたり、お茶を運んであげたり、いろいろなことを話し、一緒に笑ったりして、いつも明るい雰囲気が漂うようになりました。そして、お互いに心の中の話もできるようになりました。

私は、今回の事故を通して、私を強くご自分のもとに引き寄せようとされた、神様の大きな愛を体験しました。元気な時には、知らず知らずのうちに、仕事や活動など、神様以外のものが自分の心の中心になってしまうことがあったかもしれませんが、事故を通して、神様は、ただご自分だけを選ぶようにと、私を引き寄せ、一番大切なものを、改めて私の心に深く刻みつけてくださいました。

たとえば仕事も、もちろん神様のためにしていたつもりですが、ともすると、好きな仕事だったので純粋な神様への愛がなくても喜んでやっていけることだったかもしれません。でも、すべてを取り去られて、神様だけと向かい合うことになった時、私は、仕事でも何でも、「あなたが望まれるなら、それをしたい」と強く感じるようになりました。そして、私が神様を心から愛せるのは、昼も、夜も、食事の準備をしている時も、手紙を書いている時も、何よりも、もう一人のイエスのようになって生きている時なのだ、と感じるようになりました。

（長崎　O・K）

5 死

友人や親戚の誰かが、
この世から旅立つとき、
その人は「亡くなった」と言い、
その人を失ったと考えます。
でも、実際には、そうではありません。
「その人の命は、
取り去られたのではなく、
変えられたのです。」

私たちの兄弟が、
誠実な心で生きていたのなら、
その愛は残ります。
この世のすべてが過ぎ去り、
信仰や希望すらも過ぎ去りますが、愛は残ります。
（一コリント　13・8参照）

その愛は、兄弟の中におられる神ご自身が、私たちに注がれたもので、
寛大な神は、その愛を私たちから取り去るようなことはなさいません。

天国に旅立った兄弟は、今、変わることのない愛で、
私たちを愛し続けてくれるのです。

彼らは天の国で生き続け、神の中にいます。

福音が教えているように、
私たちは神の内に、彼らと相互愛を生きることができます。

「死」ではなく「神様」を見ている

一月末、父が神様のみもとに呼ばれました。一昨年の秋、重度の難病と診断されて以来、父は、車の運転や大好きな畑仕事、趣味の彫刻などに次々とドクターストップがかかり、いただいてきた恵みの一つ一つを神様のみ手にお返しする毎日が始まりました。そんな父を傍らで見るのはつらかったのですが、母と弟と、「最後まで父に家族の愛を感じてもらえるように力を合わせよう」と話し合いました。闘病生活が長引いてくると、疲れが出てきて、互いに忍耐がなくなることもありましたが、その都度やり直していく中で、私たち家族は、より「本当の家族」になれたように思えます。

病気のことでは決して愚痴をこぼさなかった父が、「どうしてこんな病気になってしまったんだろう」と、ポツリとつぶやいたことがありました。百万人に六人の難病にかかった父にとっては、答えのない問いだったのでしょう。「どうして」と言う父の姿に、十字架上で「なぜわたしをお見捨てになったのか」と叫んだイエスが重なり、私は心の中でこの痛みを抱き締めていました。

父の発病以来、フォコラーレと病院、実家と職場の間を行ったり来たりしながら、ヘトヘトになることもあった私と家族のため、フォコラーレの仲間たちは心を一つにして祈り、支え続けてくれました。私はそこから、一歩一歩、前進するための力と神様の光をいただいたように思います。

家族の中では、私だけがカトリックです。ある時、私は父に手紙を書き、洗礼のことも説明しました。たとえ父からの返事が「ノー」であっても、まったく自由に感じてくれていいこと、それによって父に対する神様の愛が減るわけではないことも書きました。

ある時、父の容体が急変しました。意識ははっきりしていましたが、私たちは父の旅立ちが近いことを悟りました。私が父の傍らに座り、以前に書いた手紙のことに触れると、「洗礼のことならノーとは言わないよ」との返事。こうして父は家族に囲まれて洗礼を受けました。その後、父は個室に移され、最後の四日間、私たちは家族で思いきり父と語らい、父の好きな歌などを一緒に歌いました。母が語りかけると、父は「幸せな人生だった」と言いました。

危篤状態になって数日後の夜、父の目から突然涙がこぼれました。それを母と弟と一緒にふき取っていると、父は静かに息を引き取りました。「死にゆく人を見守る周囲の人は『死』を見るが、本人はこの世に対して目を閉じた瞬間、死ではなく『神様』を見ている」というキアラ・ルービックの言葉が思い出されました。私たち家族の心の中には、天国的な喜びが広がり、神様の愛への感謝、共に祈り歩んでくれた人たちへの感謝、そして最後までこのように生き抜いてくれた父への感謝が残りました。

（東京　K・M）

永遠に続く対話

夫はとても優しく、何を聞いても教えてくれる人で、私は彼を本当に頼りにしてきました。社宅住まいが長かったので、私は常に周りに気を遣ってきましたが、夫にだけは何でも気兼ねなく話すことができました。家のことや子どもたちのことも、毎日夫に話し、夫はよく聞いてくれました。ドライブが好きな人で、特に子どもたちが大きくなってからは、よく週末に二人で出かけました。面と向かい合うと照れくさくて話しにくいことも、二人で前方を見て過ごす車中では言葉が出やすかったのか、運転しながら、夫がいろいろと話してくれたのを思い出します。

数年前、夫が重い病気の末期にあることが分かりました。最後の一カ月を過ごしたホスピスでの日々は忘れられません。一日一日が貴重で、仕事で多忙だった子どもたちも、本当によく病室に足を運んでくれ、夫のベッドを囲んでは、「昔はこうだったね、ああだったね」と、たわいない思い出話に花を咲かせました。最期の頃、夫は、私や子どもたち一人ひとりと過ごす時間を持つことを望みました。私をじっと見つめて、「君は、思っていることを言葉にしない時が多いけれど、もっと気兼ねせずに話していいんだよ。僕がいなくなっても、実家の母（私にとっては姑）にも、そうしてくれていいんだよ」と言ってくれた時、何十年も私の傍らですべてを見守っていてくれた夫の心に触れ、涙があふれ出ました。

その時期、夫は洗礼の恵みにもあずかることができました。病室での洗礼式の後で二人になった時、私が「お父さん、よかったですね。おめでとう！」と言うと、静かにうなずく夫の目から、スーッと涙が流れ出ました。後日、子どもたちが「お父さんが洗礼を受けたのは、お母さんを喜ばせたかったからじゃない？」と言ったことがありましたが、私は夫のあの涙を思いながら、彼自身が喜んでくれていたのだと信じています。

夫が天に召された後、一人暮らしになった私は、日々の生活の中でどんなふうに夫と向き合えばよいか分からず、戸惑いを感じることがありました。夫が天国にいるとは信じられても、寂しさで胸がしめつけられることも、たびたびでした。

でも、ここ最近、夫と自然に会話をしている自分に気がつくようになりました。先日も、とてもつらい思いをした一日の後、夜遅く家に帰る道すがら、「お父さん、どう思う？　今日のこと、あまりにひどいじゃない？」と私は夫に言っていました。すると、「そうだなあ、君も確かにつらいよな。でも……がんばれよ」という夫の声が聞こえてくるのです。また、難しいことが起きる時、夫に助けを願うと、後で問題が解決することが何度もありました。そんな時、私が夫の写真を手に取って、「お父さん、あのことが解決したんですよ」と言うと、夫は「だろう？」と言いながら、ニッコリするのです。子どもたちのことで心配になる時も、「私には見えないけれど、今お父さんにはすべて見えているのでしょう？　よろしくお願いします！」と夫に頼みます。寂しさのため、自分が無意識に一人二役をやっているのではと思うこともありましたが、先日、夫の最後の時期をフォローしてくださった方と話した時、「ご主人は天国におられるから、あなたへの愛も、前よりもっと強くなっているんですよ」と言われ、深い慰めを得ました。今は、神様の永遠の愛の中にいる夫。私と彼との対話も、永遠に続く気がする今日この頃です。

（東京　H・N）

6 福音宣教

愛は周囲に輝きを放ちます。
愛自体が、証しとなるのです。
「愛は使徒職の魂である」(4)と
言われますが、
それだけでなく、愛こそが
「最も真実の」使徒職です。

(4) J.B.Chautard の有名な事業における概念『*L'Âme de tout apostolate*（使徒職の魂）』（パリ　一九四五年）

私たちの神への愛の現れとして、
隣人を愛することです。
私たちが招かれているのは、
「行って福音を宣べ伝えなさい」
という福音宣教だけではありません。
ただカトリックの信仰を
並べ立てるだけではなく、それが証しと愛の上に立てられ、
体験に裏付けられている必要があります。
初代キリスト者たちがそうであったように。

泣く人と共に泣く

Tさんご夫妻は、最愛の一人娘を頼りに生活していましたが、数年前、娘さんは重病で天に召されました。臨終洗礼を受けた彼女の代母の方から、ある日電話があり、「ご

両親が絶望的になっているので、なんとか助けてあげられないか」とのことでした。その頃、私は教会や町内会で忙しくしていたこともあり、正直言ってあまり気がすすまなかったのですが、Tさん宅を訪ねてみました。とても質素な暗い小さな家で、ご両親は慰めようもないほど泣いていました。「泣く人と共に泣きなさい」というみ言葉が胸に浮かび、私は何も言わず、二人の前に座りました。しばらくしてから、「実は私も子どもを亡くしているんです」と、自分のつらかった経験を話し、「でも、今はもう涙が出ないんですよ。天国で、また会えると信じていますから」と言いました。

「神様のお話を聞きたい」というご夫妻の望みに応えるため、一週間に一度の勉強会が始まりました。一時間の約束はしばしば三時間になり、ティッシュの箱を真ん中に置いての勉強会は、Tさんたちが泣き続けて終わることも、しばしばでした。最初は、このように過ごすことに意味があるのか、と自問しましたが、私たちがただ愛のためだけに人と接する時には、神様がその人の心を開いていかれるのが分かりました。「私たちは年寄りで、難しいことは分かりません」と言うTさんたちに、「神様は私たちを守ってくださる優しい方、私たちのお父さん、愛の源」であることをまず話し、少しずつ信仰の基本的な事柄も伝えられるようになりました。やがて二人は大きな喜びのうちに洗礼を受け、私と夫は、代父母としてこれからもご夫妻を支えていこうと決心しました。
ご主人の方はすでに病気を抱えていましたが、一昨年悪化し、入院となりました。六人部屋でも、「天におられる私たちの父よ」と大きな声で祈るので困ります、と奥さんが笑いながらこぼしていたのもつかの間、重体となり、私と夫も病院へ駆けつけました。耳元で私が「ご苦労さま。つらかったでしょう。神様にささげましょうね」と言うと、Tさんはうっすらと目をあけてうなずき、数時間後、安らかに息をひきとりました。苦労の多い人生を歩んだ後、信仰の喜びに出会ったTさん。今は天国で娘さんと一緒に、ニコニコしながら奥さんを見守っていることでしょう。

（北海道　K・K）

教会は相互愛を生きる場所

私は教区司祭ですが、神学生時代、心に一つの望みを抱いていました。それは、聖人と呼べる人に出会って、その人についていき、自分も聖性に達したいという望みでした。また、自分の将来のために聖母マリアにお恵みを願い、毎日祈っていました。

その頃、若い人たちを通して、フォコラーレに出会いました。霊的にまだ小さな私でしたが、「自分から先に愛する」というイエスの教えなら実践することができ、これは、私が前に願った聖母マリアからのお恵みだと思いました。互いに愛し合う人々の間には、イエスがいてくださいますが、そのイエスこそ、私が従うべき聖人だと気づいたのです。

やがて、司祭に叙階され、司教からさまざまな任務を任されましたが、私にとっては、どんな仕事をするかが大切ではありませんでした。何をしても「神様はあなたを限りなく愛しておられるのですよ」という私の発見を、人々と分かち合い、相手がそれを喜んでくれるなら、もうそれで十分だと思いました。

たとえば、私のもとへ相談に来る人に対して、私は自分の考えや、相手から受ける印象などはわきに置いて、相手の話をよく聞くようにします。すると最後には、一人ひとりに対する神様の働きだけが見え始め、相手にそれを伝えると、みんな顔を輝かせ、喜んで帰ります。また、家庭状況の難しい人や、神様を信じない人にもよく出会います。彼らが、自分の過ちや教会に対する批判、なぜ信仰を持てないかなどについて話してくれる時、私は一切、相手を裁いたり驚いたりしないで、それぞれが自分の良心の声に従って生きるよう励まします。そして、彼らが愛されたと感じると、彼らが抱いていた不信感や先入観はおのずと崩れていくのが分かります。一方、家庭訪問に回る時など、玄関のインターホンの返事から自分は歓迎されてないと感じることがあります。また、教会の教えに従って、愛とか清らかさについて人に話すと、「時代遅れだ」と言われたり、ばかにされたりすることもあります。そんな時は、イエスも多くの人から断られ、苦しまれたことを思い出し、そのイエスに従うようにします。

ある時、信仰を特に持たないという人から、驚くような言葉を聞いたことがあります。その人はこう言っていました。「教会が礼拝の場所だと思っていた時は、自分はそこに入れないと感じていた。でも今、教会は相互愛を生きる場所だと分かったので、自分の場所を見つけられた」と。

毎日の小さな事を通して、出会う人々をできるだけイエスの愛で愛するように努めること、これは周りの人にとっても、自分にとっても魅力的な司祭職だと思います。

（イタリア　C・I神父）

7 違い

人は皆、かけがえのない存在です。
この「皆」の中には
あなたも私も入っています。
家族、近所の人、職場の上司や同僚、
学校や塾の友達、いとおしいこの人も、
気の合わないその人も、
どうも苦手なあの人もそうです。

人は皆、神様から造られた
大切な存在です。

これは国籍、年齢や性別、
性格や健康状態、
学力や経済力にも左右されない真理です。

人は皆、神様の子どもです。
私たちの父は、ご自分の子どもをいっさい区別されず、
等しく愛を注がれます。

善人の上にも、悪人の上にも日を昇らせ、雨を降らせる方です。

人は皆違います。私たちは、互いにとても違っています。
容姿や性格、生まれ育った環境、趣味や好み、
過去の経験や将来の夢もさまざまです。
兄弟が同じ親から生まれても、それぞれ違うように、

神様の子どもである私たちの間にも、いろいろな違いがあります。

時に私たちは、自分と相手との違いに
苦しみ、悲しみ、傷つくことがあります。
相手に変わってほしい、自分に合わせてほしい、
自分の望むような人になってほしい、と
願ったりもしますが、なかなかそうはいきません。

この世に、完全な人はいません。それぞれの人が
良いところと弱い部分を抱えています。

私もそう、あなたもそうです。

神様は、そんな私、そんなあなたを、ありのままそっくりまるごと

受け入れて、愛してくださってはいないでしょうか。
そして、子どもである私たちも、互いを同じように受け入れ、時には我慢し、ゆるしながら、敬い、大切にし合うことをお望みではないでしょうか。

一人ひとりは違っていても、おのおのがすばらしく尊い存在です。
あなたは私にとって、神様からの贈り物。
私はあなたにとって、神様からの贈り物。
私たちは皆互いに、神様からの贈り物なのです。

違いを受け止めるゆとり

先日、わが家を訪れたある独身女性から、「そんなに長い間、同じ人と一緒に生活して飽きないのですか?」と尋ねられました。彼女の周りでは、結婚してさほど長くない人たちから、「夫には飽き飽きした」「もう一緒にいられない」などのコメントが聞かれるそうです。私は、「長い人生、苦しみも喜びもあったけれど、神様の愛を信じて、やり直しながら助け合っていく中で、恵みもたくさん受けてきたのよ」と答えました。自然と心からあふれ出た言葉でした。

主人と出会った時、彼が私にはないものを持っていることに、魅力を感じました。私は自分の考えや気持ちをすぐ言葉にしますが、主人は冷静で口数の少ない人です。長い結婚生活の中では、二人の違いが魅力ではなく「理解に苦しむもの」になることも多々ありました。互いの弱さを受け入れて気持ちを一つにできる時は、違いが「宝」となりますが、自分を正当化しようとすると、感情や意見のぶつかり合いになり、傷ついたり、主人を裁く思いが強くなったりします。

そんな時、私はまず神様の前で、自分の思いをリセットするようにしています。すぐにできない時もありますが、心を神様に向けてから、「主人はどう思っているのだろう」と考えると、私の心には主人の考えを理解する余裕が生まれ、主人にも私の気持ちが伝わっていくような気がします。

ある日、二人の間でちょっとした行き違いがあり、普段の楽しい会話は消えて、夕食をとりながらもシーンとなってしまいました。「私はこう思うのよ」と説明したい気持ちになりましたが、主人の側に立った時、「今はこの沈黙を受け入れよう」と思え、平和な心で静かに食事を済ませました。その後、来客があり、しばらく三人で話をしているうちに、主人と私の間にも、自然と和やかさが戻ってくるのを感じました。神様が私たちの間で働いてくださるのを実感したひとときでした。

子どもたちが独立して家を離れ、夫婦二人の生活になって数年がたちます。二人の時間やコミュニケーションを大切にしつつ、周りの家庭に対して、私たちの心と家をいつも開いていたいと思う今日この頃です。このあいだも、久しぶりに会った知人が、奥様が重病であることを打ち明けてくれ、私たちは心からの祈りを約束しました。その数日後、ある友人の息子さんが急死した知らせがあり、二人で駆けつけましたが、ご両親の胸中を思うと言葉もなく、痛みを分かち合いながら、共に泣きました。震災の時にたまたま公園で会った子連れの若いお母さんも、時折わが家に来ては、不安な気持ちを分かち合ってくれます。微力な私たちですが、心を一つにして生きながら、神様の「小さな道具」になれたらと願っています。

（東京　N・K）

イエス様のほほ笑み

夫 私たちは結婚して十九年になり、三人の子どもがいます。毎日いろいろありますが、神様に助けられて家庭生活を続けています。

妻は整理整頓が得意で、私は大の苦手です。私がクローゼットから服を取ると、いつの間にかメチャクチャになったりして、妻が忍耐しているのは分かりましたが、時々指摘されると負担に感じていました。はじめは「男は細かくないのだから仕方がないよ」と思いましたが、努力を重ねた末、使ったものを元に戻すことや洋服をたたむことも上手にできるようになりました。

ある晩、私が忘年会から帰ると洗濯物が山積みになっていました。妻は子どもを寝かしつけてから干すつもりだったのでしょうが、そのまま一緒に寝てしまったようでした。結構アルコールも入っていましたし、私は一瞬、見て見ぬふりをしたくなりましたが、「主よ、主よ、と言う者ではなく、神の御心を行う者が天の国に入る」という聖書の言葉が思い浮かびました。神様はこの小さな手助けをお望みだと感じ、頑張って全部干しました。翌朝、妻はとても喜んでくれました。

妻　夫は好きなことに夢中になるタイプで、最近は書道にはまっています。ある日、子どものことで相談があり、二人で話すためにドライブに誘ったのですが、夫は車に乗った瞬間から家に戻るまで、ずっと書道の話をしていました。私は相談事を切り出したい思いにかられましたが、「今は、彼の話を心から聞こう」と思いました。二人の心が通っていたせいか、相談事も後ですぐに解決できました。

この間、夫は初めて展示会に作品を出し、とても喜んで「いい出来だよ。見に来る?」と聞いてきました。私は練習の時からその文字を何度も見てきたし、久しぶりに何もない週末に家でゆっくり休みたいと思っていました。でもイエス様が、「苦しむ人と共に苦しみ、喜ぶ人と共に喜びなさい」と言われたのを思い出し、家族で見に行きました。「お父さん、すごいね」と子どもたちからも褒められ、夫はとてもうれしそうでした。

夫　ある日、夕食後に小学二年生の娘が「お父さん、走りに行こう!」と言い出しました。頑張りやの娘は体を鍛えたかったのです。時間も遅いし、寒いし、ちょっと勘弁してくれ、と私は思いました。でもやる気まんまんの娘を見ながら、「愛するとは、将来でなく今すること、しばしば苦しみが伴うもの」という言葉が心に浮かびました。

私は自転車で娘に並走しながら、イエス様がほほ笑んで私たち二人をご覧になっているように感じました。家に戻り、一緒にお風呂で湯船につかっていると、娘が「お父さん、ちょっと待ってて」と言い、冷蔵庫からヤクルトを二個持ってきて、二人で湯船の中で乾杯しました。その後も娘は、「今日はお父さんと寝る」と言って私から離れず、たくさん話をしながら眠りにつきました。

家族の中でも、人は皆、それぞれ違います。年齢、性別、持って生まれた性格、好みや趣味……こうした違いも、私たちが互いに補い合い、与え合うために、神様が与えてくださった尊いものだと感じています。

（沖縄　S＆M夫妻）

8 み 言 葉

み言葉は
私たちを自由にします。

自分の考え、愛情、思いに先立って、
み言葉をまず心にかけるなら、
生活の中で起こることは、すべて
「二義的」になります。

災難が来ようと、幸運が訪れようと、
病気になろうと、健康であろうと、

大切なのは、出来事自体よりも、
その状況の中で、自分が「み言葉を生きられたかどうか」だからです。
み言葉を生きるなら私たちは大きな自由を味わいます。
喜ばしい状況、悲しい状況から自由になり、
周りの人からも、自分自身からも自由になるでしょう。

福音の約束は本当

私は、フォコラーレに出会って、み言葉は黙想するだけでなく、日々の生活の中で実践できるのだと知りました。定期的に仲間と集まり、一緒に「いのちの言葉」を読んで経験を分かち合い、集いの後、そこで聞いたみ言葉をすぐに実践するよう努めました。

ある寒い冬の日のことでした。集いを終えて夜遅く駅に着くと、タクシー乗り場には長蛇の列ができていました。三十分待って、やっと次が私の番という時に、後ろの方で「お母さん、寒いよ」と泣く子どもの声がしました。その日の集いで聞いた、「この最も小さい者の一人にしたのは、わたしにしてくれたことなのである」(マタイ25・40参照)というみ言葉が心に浮かびました。「また待つのか」と思うと、一瞬迷いましたが、泣いている子どものところに行って順番を譲り、列の最後尾につきました。母子がタクシーで去った後、暗闇から突然ならず者風の男の人が現れ、「皆さん、この人を次のタクシーに乗せてやろうじゃないか」と大声で言うのです。凍りつくような雰囲気の中、みんなが無言でうなずきました。「お前、一番前に来い。早くしろ!」とその人から呼ばれ、私は恥ずかしさと恐怖で、黙って一番前に行って頭を下げ、次に来たタクシーに乗り込みました。心の中で「イエス様、あなたがしてくださったのですか?」と尋ねると、心は静かな喜びで満たされました。

また以前、フィリピンのマニラに住んでいた時、若いお母さんが赤ちゃんを抱いて泣きながらフォコラーレセンターに来ました。地方から出てきて、ご主人は仕事を見つけたばかりでしたが、彼女は生活費が全部入ったバッグを盗まれてしまったのです。私たちも質素な生活をしていましたが、お米さえあればなんとかなると考え、光熱費を残して、家にあったお金を全部彼女に渡し、後は神様に委ねました。その晩遅く、知り合いのタクシーの運転手さんが「お客さんに頂いたので、必要なことに使ってください」とお金を持ってきてくれました。また、翌朝、別の知人が「田舎の叔父さんにもらったから」とお金を届けてくれました。二つ合わせると、昨日、あの母親に渡したちょうどの額でした。「与えなさい、そうすれば与えられる」（ルカ6・38）という福音の約束は本当なのだ、と神様の計らいに皆で感動しました。

み言葉を実践して一日を過ごすと、夜祈る時に「今日はイエス様と共に過ごした」という喜びが湧いてきます。また、自分の思いや望みに優先して、み言葉を生きた時、自分がというより、イエス様が私の中で生きて、その時、その人を愛してくださったのだと感じ、「生きているのは、もはや私でなく、キリストが私の内に生きておられる」（ガラテヤ2・20参照）という聖パウロの言葉は、このことだったのだと強く思います。

（東京　M・K）

真の革命の原動力

私はローマに住むサレジオ会の司祭です。二十五人の若い神学生の養成にあたる一方、四十人の兄弟が住む共同体の院長も務めています。

若い頃、私は神から遠ざかり、自分の町で横行する社会不正と戦うため政治活動に専念していました。そんなある日、フォコラーレに出会った私は、社会を変えるための「もう一つの方法」を知りました。「愛の力」「福音の力」こそが、真の革命の原動力だと分かったのです。

こうして、福音を実践し始めた私は、「この最も小さな兄弟の一人にしたことは、私にしてくれたことだ」（マタイ25・40）というみ言葉に特に心打たれ、フォコラーレの青年たちと共に、貧民街を訪問し始めました。想像を絶するような環境に生きる貧しい人々との出会いは、イエスご自身との出会いとなっていきました。彼らの家に入る前に、「あなたはそれを私にしてくれた」というイエスのみ言葉が、いつも私の胸に響いていました。

福音を徹底的に生きる経験を続けるうちに、ある時、私は自分のすべてをささげて、イエスに従うよう招かれているのを感じました。一人のサレジオ会士との出会いもきっかけとなり、私は、ドン・ボスコのように特に青少年のために生きる司祭になる決心をしました。

それから数十年たった今も、福音を生きる生活に変わりはありません。私たちの修道院には、一人の高齢の司祭がいますが、心の病を患う彼が、何カ月も入浴を拒む時期があり、悪臭を放つようになりました。私は「神様に不可能なことは何もない」と信じて、彼に入浴の手伝いを提案したところ、意外とすんなり受け入れてもらえ、三時間後には、彼はすっかりきれいになっていました。

このような私たちの姿を偶然見かけた一人の神学生は、ヨハネ福音書の中のイエスが、弟子の足を洗われた箇所を読み直し、「自分もこのような形で奉献生活を生きたい」とイエスに誓ったそうです。

私が神学生の養成に携わって三年ほどたちますが、福音が「愛に要約される」ことは、私の中でいっそう明らかになってきています。若い修練生たちと歩みを共にする上でも、この愛を最優先することが何よりも大切だと感じます。

ある時、受け入れ先を探していたアルコール中毒に苦しむ司祭を、私たちの修道院に迎えました。食卓はもちろん、家中からワインが取り除かれただけでなく、神学生たちは当番制で、守護の天使のように、いつも誰かがその司祭の傍らにいるようになりました。この司祭は中毒を脱した時、私たちの修道院に残りたいと会の長上に願い出ました。「受けた愛に、私も応える時が来たと感じるから」というのが、その理由でした。

（イタリア　M・V神父）

9 闇

私たちが
闇、迷い、不安の時期を
通ることを
神はゆるされます。

それは、私たちが
自分は何者かを知るため、
自分は無であり、
あわれな存在であると
知るためです。

私たちが、ただ神だけに深く信頼し、もう一度、神のうちに飛び込むことができるためなのです。

あなたは、ママの宝物よ！

私は、幼い娘に発達障害の可能性があると医師から知らされたとき、闇の中につき落とされたような気がしました。何もかも順調だった生活が崩れ去っていくのを感じ、目の前には、今までになく、はっきりと、十字架上で叫んでおられるイエスの姿が浮かび上がりました。それまでの私は、「見捨てられたイエスを愛する」ということがどういうことなのか、よく分からず、「困難（十字架）が訪れても一生懸命努力すれば、良い結果（復活）が待っている」……そんなふうに解釈するくらいでした。でもこの時は、いくら努力したところで、結果にあたるものは何も見当たらず、闇の中に十字架のイエスだけがおられました。私はわらにもすがる思いで、「イエス様、あなたを純粋に愛します！」と祈りました。

それでも、もろい私は時々、「なぜ、よりによって私の家族にこのようなことが降りかかったの!?」と泣きたくなり、まるで自分たちだけが暗い牢獄に閉じ込められているように感じ、鉄格子から、外のまぶしい光の中にいる人々を見ているような思いで過ごすこともありました。その度に、心の中に見捨てられたイエスが姿を現され、私を再び立ち上がらせてくださいました。

小さな芽が少しずつ成長するように、「神様は娘を限りなく愛しておられる」という確信が私の中で育っていき、心の底に静かな平和を感じるようになりました。それと同時に、「神様の愛に娘が手で触れられるように、『自分はありのまま愛されている』と娘が感じられるように愛したい」という願いが大きくなっていきました。そして、「子どもは、親の幸せや満足のために存在しているのではない。この子の上にある、神様のご計画が成し遂げられることだけを望みたい」という願いも湧いてきました。

しだいに、苦しみも含めて、娘が与えてくれるすべてのことが宝物のように感じられてきました。私はよく娘を抱き締めて、「あなたは、ママの宝物よ」と言い、それは娘の心に染み通ったようで、よくにっこり笑って、その言葉を繰り返していました。

あれから、長い年月がたちましたが、今確信しているのは、あの「牢獄」のように思われた暗闇の中で、神様が私たち家族をどれほど愛してくださったか、ということです。あの時に受けた恵みはまったく特別なもので、しかもそれは、一時的なものではなく、その後の人生の歩みを変える「刻印」となったのを感じています。

（東京　Y・E）

闇に包まれた恵み

四人目の子どもがおなかにいると分かった時、私たちはある意味で気が重くなりました。私たちはすでに四十歳と四十四歳でしたし、小さな子どもの世話を、また一からやり直すことを考えると不安になりました。食べさせたり、おしめを換えたり、寝かせたりといったことからやっと解放され、私たちの生活は以前とは違うリズムで動き始め、今までできなかった社会的活動にも手を伸ばし始めていたからです。神様は一体、私たちに何を望んでいらっしゃるのだろうか、という疑問がすぐ私たちの心に浮かびました。でも神様は命を何よりも愛されるお方だということを考えると、疑問は薄れました。その愛に自分を委ねて、私たちの家族にまだ足りない贈り物を受け入れよう。きっと青い目をした、かわいい子にちがいないと。

　ある年の大みそか、思わぬことが起きて伝統的な感謝の祈りである『テ・デウム』の祈りに参加することができなくなりました。その代わりとして、私たちは子どもたちと一緒に、この一年を通して一人ひとりが頂いた恵みを神様に感謝し、新しい年のために何かを願うことにしました。一番上のアンナは、弟が欲しいと祈りました。私が妊娠していることをまだ知らなかったからです。その時以来、私たちは毎晩、やがて生まれてくる子どものために祈り始めましたが、その子はもう、私たちの間にいるかのようでした。子どもたちは、それぞれ何かを犠牲にして、競って自分の部屋にその子のための場所を作るようにしていました。

　その日がやってきました。最初の陣痛の時に少し問題があって、その後すぐに普通の状態に戻りました。生まれたばかりのエレナは、たちまち呼吸困難に陥りました。打ちのめされた私たちは、なんとかこの子を救おうとマリア様にささげることにし、マリアという名を付け加えました。状態がやっと回復した時、エレナ・マリアは、本当に真っ青な目をしたダウン症の子であることに気がつきました。集中治療をするうちに、少しずつ良い方に向かい、特に目立った奇形はないということでしたが、夜に再び呼吸困難に陥り、希望がしぼんでいくのを感じました。朝、私たちは彼女に洗礼を授けることにしました。

その日の福音は、私たちの結婚の日と同じでした。「あなた方が私を選んだのではなく、私があなた方を選んだのである」。この言葉は私たちの見方を変えてくれました。神様が、このことのために私たちを選んでくださったのです。人間の目には不幸に見えることでも、そこから恵みが生まれます。それはまだ闇に包まれた恵みかもしれません。しかし、生きるに値しないと思えるようなこの子の内にこそ、愛の源があることを悟らせてくれる恵みです。神様はこの時のために、ずっと昔から私たちを準備してくださり、エレナは私たちに人間的なことのむなしさと、それに逆らう愛の力を教えるために来てくれたのです。でも、私たちにはこれから毎日このような目でこの子を見守り続ける力があるでしょうか？　そこで「力を下さい。そうでなければ、あなたがこの子を引き取ってください」と神に祈りました。

容体は急速に良くなり、安定してきました。それは、私たちの苦しい祈りに対する答えのようでした。多くの友人がこの出来事を私たちと一緒に生き、支えてくれました。私たちのまったく知らない人たちもやって来て、自分たちの苦しみや問題を打ち明けてくれました。一方、出産に立ち会った医者と看護師たちは、穏やかな気持ちになれず、疑念に満ちていました。最初の症状が出た時に、すぐに別の手段を取るべきだったのではないだろうかと。私たちが医者に対して信頼と感謝の念を表すと、彼らは驚き、重荷から解放されて、逆に力づけられ、慰められたかのようでした。

次の問題は、祖父母のもとに預けられていた子どもたちに、この出来事をどう説明するかということでした。私たちはすぐに電話をかけ、エレナが生まれた時、呼吸困難になったことを話しました。子どもたちは見ていたテレビを消して、祈り始めたそうです。エレナの容体が落ち着いた頃、子どもたちは初めて病院で彼女に対面しました。みんながエレナを腕に抱きたいと言いました。しかし、アンナはすぐ容姿の違いに気がつき、そのことについて尋ねました。私は難しさを感じながらも、できるだけシンプルに本当のことを伝えました。たちまち子どもたちからは、神様は愛なのに、どうして苦しみがあるの、どうして罪のないエレナが苦しまなければならないの、などいろいろな質問が返ってきました。私たちは言葉よりも行いによって、そうした質問にも答えていかなければならないと感じました。数週間後、アンナはこの小さな妹を注意深く優しく見守っていましたが、「悪いと思われることが、良いことになるって本当にあるんだね」とささやきました。

その後も、毎日の苦労だけでなく、大勢の専門医や理学療法が私たちを待ち受けていました。将来もどうするべきか思い悩むことはきっとあるでしょう。でも、六カ月たった今、医者たちはとても満足しています。エレナは本当にたくさんの試練をもたらしましたが、私たちの家族を、もう一つ違う次元に高めてくれました。私たちの間に神秘的な賜物と本当の愛をもたらしてくれたからです。その青い目は、私たちの家族という小さな世界を救う美しさであり、より大きな愛をいつも要求するその子の存在は、家庭をたえず新しくしてくれるのです。

（イタリア　F&R夫妻）

10 天の父

私たちは、ひとりきりで
生きているのではありません。

私たちを愛し、思いをかけ、
地上の父より
はるかに「父」であられる方が
共にいてくださるのです。

この天の父は、
私たちのため、御子をこの世に

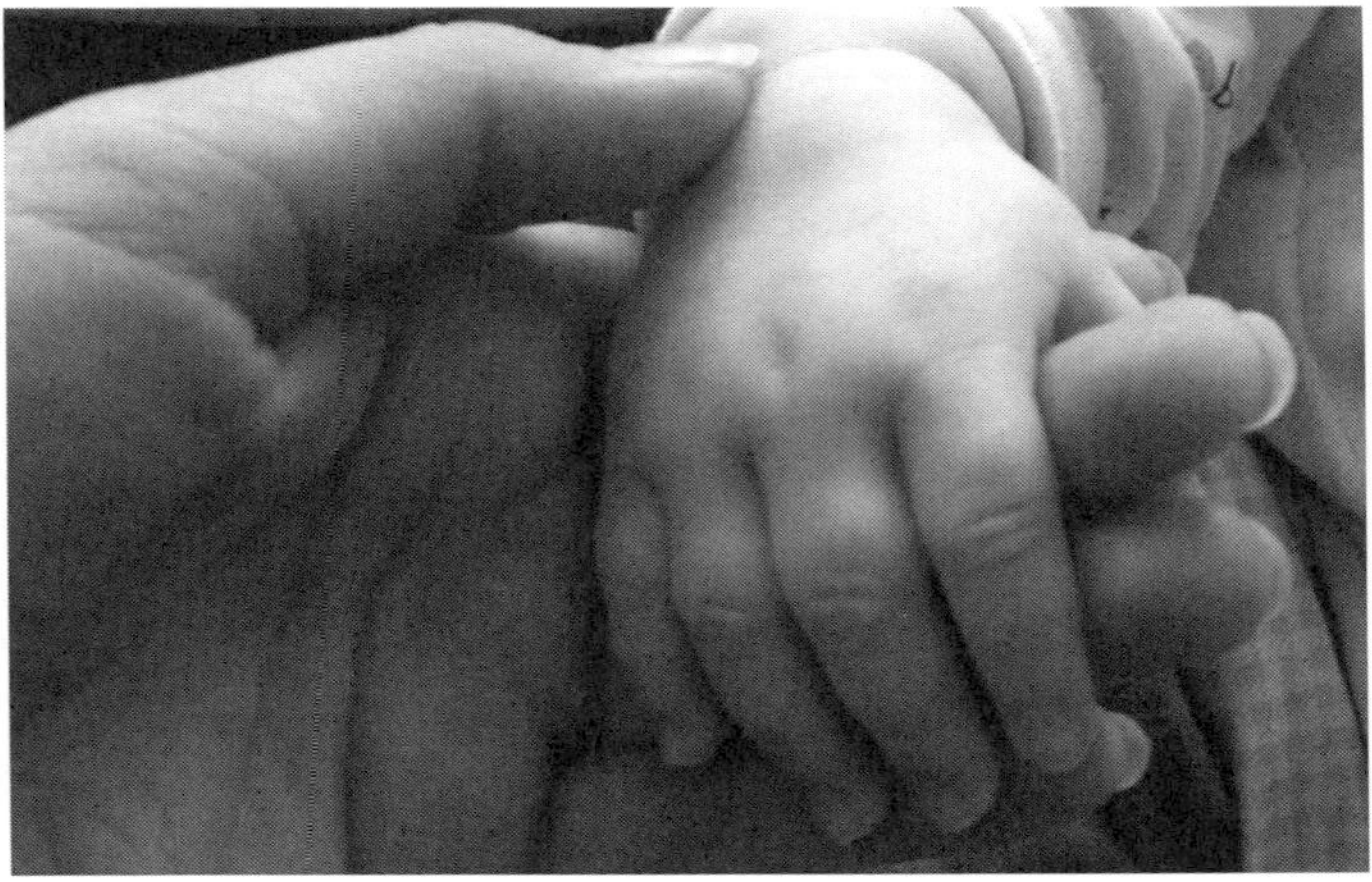

送ってくださいました。
私たちを罪から解き放つために
御子が死に至ることすら、いとわれませんでした。

これほど私たちを愛してくださる天の父は、
私たちが困っている時
必ず手を差し伸べ、助けてくださると信じましょう。

イエスも言われました。「何を食べようか、何を飲もうか、
何を着ようか、と心配するな。あなたがたの天の父は、
これらのものがみなあなたがたに必要なことをご存じである。」
（マタイ6・31-32）

大きくて、広くて、とても優しい方は誰？

長男が小学生の頃、バス通学をしていました。ある日、バスの前に子どもが飛び出してきたため、バスは急ブレーキをかけ、降車しようと席を立ちかけていた息子は飛ばされて、肘を強く打ちました。後で骨折していることが分かり、ギプス固定となったのですが、翌日は楽しみにしていた遠足でしたので、息子は「どうして僕は運が悪いんだろう」とボソッとつぶやきました。私が「バスが急ブレーキをかけなければ、その子は大けがをしたか、場合によっては死んでいたかもしれないよ。その子が受けたかもしれない災難を、君が代わりに受け取ったんじゃないかな。神様は、君に代わりをお願いしたんじゃないかな」と言うと、息子はパッと明るい顔になり、けがのことは忘れて、普段と変わりなく過ごしていました。

次男を保育園まで車で送って行った時のことです。運転中の私に、「なぞなぞを出して」と言います。青空の広がるお天気の日でしたので、私は神様を連想し、「大きくて、広くて、強くて、とっても優しい方は、誰だ？」と尋ねると、次男は元気な声で「お父さん！」と答えました。思いがけない答えに私はビックリ。同時に、子どもたちは父親の私を通して、神様の愛を見いだしているのかもしれないと、ハッとさせられました。

以前、ある神父様から「父親の祝福は子どもたちにとって大きな励ましになる」と聞いたので、毎朝出かける前に、私は子どもたち一人ひとりの頭に手を置いて祝福するようにしています。朝のバタバタで私がうっかり誰かの祝福を忘れそうになると、子どもたちの方から「まだ祝福していないよ」と教えてくれます。長年続けてきた簡単な習慣ですが、子どもたちの内に「世の中に出てゆく勇気と心の平和」が育まれているのを感じています。

（長崎　K・O）

神に感謝！

「神の国と神の義を求めなさい。そうすれば、必要なものは加えて与えられる」というみ言葉があります。神様は愛でおられ、なさることにはすべてに意味があり、神様がいろいろな状況を導いておられるのを感じます。

先日、知人が「すべては神様から来るものだから、私は、どんなことに対しても、いつも『神に感謝』と声に出して言うんですよ」と話してくれました。私もやってみようと思いました。小さなこと一つ一つに、「神に感謝」と言う練習をしていました。最初のうちは、すぐに言うことを忘れてしまい、後で思い出して言ったりしていました。

ある月、お給料前の苦しい時に、お米が残り少なくなっているのに気がつきました。すると、ある方からお米をいただきました。本当に「神に感謝」でした。他にも困っている方がいることを思い出して、すぐに半分を届けました。すると、またすぐに他の所からお米が届きました。神様の愛に感謝しながら、別の町に住んでいる息子に送りました。するとまたお米が届きました。神様はスゴイ、と思わずにはいられませんでした。

歯の治療中だった時、ある日、「義歯をかぶせるから、次回は数千円かかります」と言われました。私は心の中で「神に感謝」とつぶやきました。支払いは大変ですが、「神に感謝」と言うことによって、とても平和な気持ちでいられました。翌日の夜、義歯の技工会社に勤めている妹が訪ねてきました。彼女の会社に私の歯の注文が来ていたそうで、そのことを技工士の方に話したら、「お姉さんのなら、少しいいのを作ってあげるって言ってくれたよ」と言うのです。私の知らないところで神様が働いてくださり、私の歯の心配までしてくださっていたのです。「神に感謝」と言わずにはいられませんでした。

また、ある時、娘が旅行に出かけることになり、準備をしていました。出発の前日、今持っている財布が大きすぎるので、手ごろなものがないか、と聞いてきました。探しましたが、いいのがなく、娘は、何か袋にでも入れて持っていこう、と言っていました。その晩、一人の友人が訪ねてきました。事情を知るはずもないその人が持ってきてくれたのは、箱入りのきれいな新品の財布でした。友人が帰った後、私と娘は顔を合わせて、「神に感謝」と大きな声で言いました。

「神に感謝」と一日に何回も言うようになって、神様の大きな愛をますます感じるようになりました。困難な時にも、神様の愛に信頼し、神様に感謝し続けたい、と願っています。

（長崎　H・N）

11 老い

木の運命は人間の姿に似ている。

太陽とそよ風、
小鳥のさえずりの中で、
花が咲き、実が熟した後、
木の幹は弱り、
葉は流れる涙のように地に落ちる。

実り豊かな人生の坂を越えた人も、
幻影や友情が枯れ葉のように落ち、

周りに沈黙が押し寄せ、寂しい景色の中で
弱っていく自分を静かに思いめぐらす。

木が寒さと孤独の中で春に向かって準備するように、
人も、冬のような寂しさと萎えた力を、新たな力に変えることができる。
絶望を神に従う道とし、崩れ去る人間的なものを
神の恵みで満たすことができる。
人の冬の中で神の春が始まる。

人生は、天に向かって伸び、永遠の内に花を咲かせる木。
季節と不幸、幻滅と苦しみは、木の受ける刈り込み。

苦しみを通って清められ、成熟した木から、
神は実を集め、木を天に植え替えてくださる。

神様にお返しする

ふと気がつくと、私も夫も七十代、周りの友人たちとも「老後」や「介護」の話題が増えてきました。

八十代のある友人は、長年ご主人と難しい関係にあり、外向きには「良き妻」として生活してきたものの、心はご主人に対する不満でいっぱいでした。最近、ご主人の老化が進み、介護の必要が出てきたのですが、ご主人のお世話をしながらも、彼女は「なぜ自分がこの人のためにこんなことをしなければならないのか」という腹立たしい思いにかられ、爆発寸前の状態とのこと。聞いている私の方がつらくなるような愚痴が多く、長年の心のしこりが固まって、どうしてもご主人を受け入れられない彼女の痛みが伝わってきます。人が年老いてから変わるのは本当に難しく、夫婦で平和な老後を過ごすには、早くから関係の修復をする必要があることを痛感します。

私と夫との長い夫婦生活にも、いろいろなことがありました。二番目の子が生まれてすぐに亡くなった時、数日の入院後、迎えに来てくれた夫に伴われ、家に戻った私は、悲しみのどん底にありました。部屋にはふとんが敷いてあり、夫は「ゆっくり休んで」

と言ってくれ、私を残して隣の部屋に行きました。でも数秒後、寝ている私の耳元に隣室のテレビの音が入ってきて、夫がくだらない番組を見ているのが分かった途端、私の心は怒りであふれました。「私が今こんな思いをしているのに、なんて人！　もう一緒にやっていけない。離婚だわ」とまで思ったものです。しばらくしてから、その時のことを夫に伝えると、彼の返事から意外なことが分かりました。私が入院中、夫は一人で亡き子を抱いて焼き場に行き、お骨を拾っていたのです。その時の夫の胸のうちを思うと、私はただ自分の怒りをぶつけたことが恥ずかしくなりました。自分の思いだけにとらわれず、相手の立場に身を置くことがどれほど大切か、今の年に至るまで、失敗を重ねながらも、家庭の中で習ってきたように思います。

夫ともよく話すのですが、「ありがとう」と「お願いします」が言える年寄りになりたいと願っています。人は、誰かに何かをしてあげられる時に、「自分は価値ある人間だ」と感じるものかもしれません、でも齢《とし》を重ねながら、前は問題なくできていたいろいろなことが、少しずつ難しくなっていく中で、周りの方々にしていただけることに喜びをもって感謝すること、自分にできないことは素直に相手にお願いすることを身につけていけたら、きっと私自身幸せだろうと思います。与えるだけが愛ではない、受けることも愛なのだ、ということが最近、もう少しよく分かってきました。
年老いていくとは、今までいただいていたものを「神様にお返しする」ことなのかな、とも思います。目が見える、耳が聞こえる、歩ける、考える、記憶する、こうした能力も、今後段々と失われていくかもしれません。これから、私も夫もどのような状態になっていくかは、神様だけがご存じでしょうし、それに対する怖れがないと言えばうそになります。でも「神様、今までありがとうございました」と感謝しながら、自分の身についていたものを一つ一つ静かにはぎ取って、神様にお返ししていく作業は、やがてスッキリして神様のもとに行くための準備なのだと思えると、日々の生活が違ってくる気がします。

（東京　M・J）

ロウソクのように燃える「いのち」

私は都内の老人介護施設で働いています。いつの日か自分も、入所中の方々のようになることを思いながら、彼らの立場になって日々の仕事を果たすよう努めています。「自分にしてほしいことを、相手にもしなさい」という福音の言葉が大きな支えとなっています。

この仕事では「言葉」の果たす役割はわずかだと感じます。むしろ、「まなざし」や「顔の表情」などが、お年寄りとのコミュニケーションを助けてくれます。相手が私の言うことをよく理解できない時も、目を合わせ、心をこめて表情豊かに接すると、思いが伝わることがよくあります。

ある女性は認知症が進み、自分が今、何をしているのか分からなくなることがよくあります。私が食事の介助をしている時も、「食事中」ということを忘れて、自分の世界に入ってしまうため、口の中の物を噛《か》まなくなってしまいます。そんな時、私は「噛んでください」「今は、食事の時間ですよ」などと言わず、相手の目の前に静かにお皿を持っていき、その目をじっと見て、ほほ笑みながら待っていると、やがて彼女は食べることを思い出し、噛み始めます。

「この最も小さい者の一人にしたのは、わたしにしてくれたことなのである」と言われたイエスを、お年寄り一人ひとりの中に見ながら接する時、不自由な状態におられる相手を私が一方的に介護するというのでなく、「人と人との血の通う関係」が生まれるのを体験します。ある方は病気のため、両手が内側にねじ曲がってしまい、生活のすべてが困難ですが、私の姿を見かけると、遠くからでも、その曲がった手を一生懸命振って、挨拶してくれます。

ある日、私が入浴の介助をすることをいつも喜んでくださっていた方の容態が悪化し、入浴もかなわなくなりました。その方の体を拭いていた時、なぜか、「これがこの方と触れ合う最後の時だ」と感じました。十字架のイエス様を思わせる、やせ細った体を丁寧に拭きながら、その方の内で細いロウソクの火のように燃える「いのち」を私は感じていました。翌日その方は、天に召されました。

私の職場の入所者の大半は、信仰を持たない方々で、神様の話は聞いたことがないかもしれません。でも、この仕事をしながら、どんな人の魂にも「神様のいのち」が宿っているのを感じます。その「いのち」は、知力や体力が次第に衰えていく方々の中でも、静かに燃えていて、私たち周囲の者の愛が注がれる時には、いっそう輝き出ることを、何度も目にしました。

（東京　S・K）

12　喜び

「いつも喜んでいなさい。」
（一テサロニケ　5・16）

聖パウロがこう言うのには
理由があります。

どれほどの困難があっても、
私たちがキリスト者として
真剣に生きる時には、
いつも喜びのうちに

とどまることが可能だからです。

真のキリスト者として生きる時、
私たちの内には、イエスが満ち満ちた形で存在されます。
イエスが共にいてくださるので、私たちは喜びを得るのです。

イエスは私たちの生活に意味を与え、
ご自分の光で私たちを導かれます。

過去や未来への恐れから、私たちを解放し、
すべての困難や誘惑や試練を乗り越える力も
与えてくださいます。

イエスは、真の喜びの源です。

お母さん、ありがとう！

長男は重い障害をもって生まれました。六年の短い生涯を閉じるまで、大きな赤ちゃんのように、ずっと寝たきりの状態でした。私たちは、この子を神様から贈られた宝物と感じ、大切に自宅で介護し続けました。

私にとって、この六年の生活が何を意味したのかは、神様だけがご存じだと思います。長男の介護に限らず、言葉では言い尽くせぬ苦しみがたくさんありました。

私は、キリスト信者であった夫との出会いを通して洗礼の恵みを受けたのですが、実家の母や兄弟は皆、受洗にも結婚にも大反対でしたので、長男が生まれた時には、言葉には出さなくても、「それ見たことか」という視線を感じずにはいられませんでした。

同居していた姑との関係は、決して易しいものではありませんでした。具体的な助けも受けましたが、姑の言葉や態度に傷つくことがたびたびでした。

長男出産の二年後に次男、四年後に長女を授かりましたが、下の子どもたちが泣いても、どうしても長男から手が離せず、心が引き裂かれる思いをしながら、泣かせておかねばならない時も、よくありました。長男を抱いて海に飛び込もうと、浜辺に立っている自分に気がついたこともありました。

また、夫が信頼していた親戚の保証人になった後で、相手が借金を抱えて夜逃げしたため、私たちが返済にあたらねばならないという事件も起こり、苦しみに事欠かぬ毎日でした。

このような日々の中、十字架のイエス様を思わずには、生きていられませんでした。「神であられるイエス様があのように苦しまれたのだ。私の苦しみも、この子の苦しみも、イエス様は全部ご存じだ」と、何度も自分に言い聞かせました。「苦しみを通って、喜びへ。死を通って、復活へ」と、どこかで聞いた言葉が胸に響いていました。

神様にただ一つお願いしていたのは、「長男が天に旅立つ時には、私の腕の中にいさせてください」ということでした。

ある晩、夜中にハッと目が覚めた私は、「今だ」と心に感じました。長男を腕に抱き上げると、しばらくして彼は眠るように息を引き取りました。何の苦しみもありませんでした。苦しみだけの六年間を生き抜いた長男への、また母である私への、神様の愛だったと思います。「坊やはまっすぐ天国ですよ」と言ってくださった主任神父様の言葉も、深い慰めでした。
数日後、息子が元気いっぱいで歩いている夢を見ました。私のところに来て、「お母さん、ありがとう」とニコニコして言うのです。息子は今、天国で最高の幸せにあずかっていることを、神様が教えてくださったのを感じ、私の心は大きな平和と喜びで満たされました。

（北海道　K・K）

13 信 頼

これからどうなっていくかを
心配しながら、
私たちはあれこれ
思い悩むことがよくありますが、
明日のことは
「明日自らが思い悩み」ます。

明日のことは、
明日という新しいページを
開いてから考えましょう。

私たちが、思い悩む必要はありません。
すべては、神様のみ手の中にあるからです。
神様は、いつもみ旨だけが行われるよう計らってくださいます。
そして、そのみ旨は、必ず私たちにとって善になります。

あの子の分まで生きてください！

十二月に入ると、ご降誕祭を迎えるにふさわしい準備をしますが、私の家族は、ある出来事の思いを新たにして、すっきりした気持ちでご降誕祭を迎えます。

それは、七年前の十二月二十二日の午前八時十五分、三男が交通事故に遭い、翌二十三日、神の国へ早々と引っ越したことです。その日は土曜日でしたが、息子は単車で通勤の途中、交差点で安全運転を怠ったワゴン車にはねられ、頭を強打し、意識不明の重体になりました。

私が救急センターに駆けつけた時は、息子はもう自分自身で心臓を動かしたり、呼吸をしたりすることも困難になっており、そっと毛布の下の手や胸を触ってみると、少し冷たくなっていました。主治医に「どのくらい生きられますか」と聞くと、「二、三日だと思いますが、そんなに生かすのが良いかどうか……」との答えでした。

家族や神父様と連絡をとり、センターの前でぼう然とたたずんでいますと、年配の男性と青年の二人連れが近づいてきて、年配の男性が、「私の会社の者が運転を誤って、息子さんをはねてしまって申し訳ありません」と軽く頭を下げました。私はもう一人の背の高い、小刻みに震えている加害者に近づき、「あの子はね！もうすぐ脳死になり、たぶん、明日あたり亡くなると思う。だからあなたはね！あの子の分まで強く正しく生きてくださいよ！今後は悩み苦しむことがたくさんあると思います。それに負けては駄目ですよ！いいですか！ そうでないと、あの子は神様のもとに行けないと思います。だから頼みますよ」。同じことを繰り返し言ったような気がします。

しかし、加害者たちは、私の言うことが信じられないといった顔をして立ち去りました。

翌日、息子が神の国へ旅立つ日になると覚悟をしていたら、夜、予想どおり主治医から呼び出しがあり、補助器具を少しずつ外し、十時十八分に心臓が完全に停止しました。妻や子どもたちと一緒に息子の体に触れ、彼の最後の体の温もりを感じ取りながら、お祈りを繰り返しましたが、後の方は言葉にならず、泣き声そのものでした。妻は神のみ手に彼を委ねながら、「秀ちゃん、これも神様のご計画なんですよ！　短い人生だったけれど良い人たちに恵まれ、悔いのない一生だったよね！　お母さんたちも後から行くんだから、一足先に行って待っててね！」と泣き崩れ、子どもたちも泣き伏してしまいました。

二十四日、二十五日はクリスマスなので教会で葬儀はできず、息子を自宅に連れて帰り、クリスマスを共に祝うことにしました。子どもたちは、最後の二晩を彼と一緒に休みたいと、ひつぎを取り囲むようにして寝ました。この時、夫婦ともども、子どもたちの兄弟愛を深く感じました。実は、この二日間のおかげで、息子を神の国に送り出す私たち家族の心の準備ができました。かけがえのないありがたい二日間でした。葬儀の挨拶の中で、私は加害者に対する気持ちを「世間では俗な言葉で恨みつらみと申しますが、そんな気持ちはありませんでした。今もありません。今後もないと思います。それよりも、加害者が生涯重い苦しみを背負っていくと思いますから、それが少しでも軽くなるように祈っています」と述べました。
今でも、加害者の男性は元気に働いており、妻が贈った祈とう書でお祈りをし、年に二回は墓参りをしてくれます。息子のある友人は、彼が生前、笑いながらこんなことを話していたと語ってくれました。「もし、僕が町を歩いている時、暴漢に襲われて殺されたら、父母は本当に嘆き悲しむと思う。しかし暴漢を恨んだり憎んだりはしない、そんな父と母だよ」と。

（東京　S・K）

見えなくても信じる

私はペルーの日系二世です。国の情勢が不安定で、仕事を見つけるのが難しく、子どもの教育と、日本在住の年老いた両親の世話のためにも、日本に来たほうが良いと考え、五年前に家族と一緒にこちらに来ました。来日後すぐに就いた仕事は、とてもきつくて体調を崩し、二カ月でやめざるを得ませんでした。不安を抱きつつ、祈りながら新しい仕事を探していたところ、環境も収入も前より良い仕事が見つかりました。それでも忙しい時は残業が多く、朝早く家を出て夜遅く帰る日が続き、かなりつらい時もありましたが、毎日神様に必要な力を願いながら、続けてきました。夫も、外国人であることや言葉の不自由さを背負いながらも、厳しい工場の仕事を頑張ってくれ、三人の子どもたちもよく協力してくれました。この五年間、ひと言では言い尽くせないさまざまな困難や苦しみに直面しましたが、十字架のイエス様の苦しみに私たちの痛みを合わせ、フォコラーレをはじめとする友人たちの愛に支えられてきました。

昨年の終わり頃、不況のため仕事の時間が大幅に減らされ、経済的に一層大変な状態になりました。とてもショックでしたが、「今こそ、神様の愛を信じ続けよう」と家族みんなで決心し、祈る日々が続きました。

その頃、いろいろな人たちを通して、必要な時に必要な物が届けられる経験をたくさんしました。ある時、食事の準備中に玉ネギがないことに気づき、困っていると、ちょうど九州の友人から宅配便が届きました。中にはさまざまな生活必需品とともに、玉ネギが入っていました。このように私たちを見守っていてくださる神様の愛のまなざしを感じたことは数えきれません。

三カ月前、突然、派遣会社から「あなたの仕事は、今月いっぱいで終わりです」と言い渡され、一瞬、目の前がまっくらになりました。魂の力を振り絞り、神様に助けを願いましたが、低空飛行する飛行機のように、心が次第に闇の中に落ち込み、どん底にいる自分を感じた時もありました。そのたびに神様の愛に信頼し直し、「見えなくても信じる」訓練の日々でした。

その時期、自転車に乗っていた高校生の息子が交通事故に遭いました。幸い大きなけがはありませんでしたが、ちょうどその一カ月前に、娘も同じような事故に遭ったばかりでしたので、「どうして、こんな時に、また?」と思わずにはいられませんでした。壊れてしまった息子の自転車を新しく買ってくれるよう、保険会社に申し入れましたが、自転車の値段は、私たちが買った時に比べてかなり値上がりしており、「購入当時の値段しか出せない」と言われました。息子はその自転車がとても気に入っていましたので、なんとかしてあげたいと思いましたが、わが家の家計では、不足金額を自分たちで補充することはとても無理でした。親として本当に切なく、「神様、あなたはすべてをご存じです。あなたが働いてください」と心から祈りました。数日後、息子が「どうしても無理なら、他の自転車でもいいよ」と言うので、翌朝、保険会社に連絡を取ったところ、向こうの方から「使用していた自転車の、現時点の値段を支払えることになった」と言われ、本当に驚きました。

今、パートとしてですが、私はまた前の職場で働けるようになりました。神様は決して私たちをお見捨てにならないことを信じ、一日また一日と歩み続けます。

（栃木　I・H）

聖霊が教えてくださる

数カ月前、私はある資格試験に臨みました。試験官とのやりとりの中で、膨大な量の法律の暗記と即座の判断力が試される口頭試問です。受験者は長い準備期間の末（私の場合は約四年間）、ようやくこの機会を得た人ばかりでしたから、待ち時間にもみんなが必死で勉強し、待合室は緊張感であふれていました。そんな雰囲気の中、私は「このまま面接室に呼ばれたら、簡単な問題さえも解けないかも」という焦りでいっぱいでした。試験の一週間前、予備校の模擬面接で「君の試験準備には大きな修正が必要」

と複数の教官に指摘されていたのですが、短期間では修正がきかず、絶望的な気持ちでいたからです。おまけに試験前夜は緊張でほとんど眠れず、体調が悪い状態で朝を迎えていました。

そんな中、少しでも資料に目を通そうと思ってかばんの中を見ると、ミサの本が入っているのに気がつきました。試験直前の貴重な時間を「資料を読んで最後の暗記をするか」それとも「ミサ本を読んで今日の朗読箇所を黙想するか」と一瞬迷いました。何年間も勉強を積み上げてきたのだから、少しでも穴を埋めるよう暗記すべきだとも考えましたが、今の状況は私の努力ではどうにもならないと思い、「自分のやるべきことはやったのだから委ねよう」という気持ちになりました。

その日の福音はルカの「役人の前に連れて行かれた時は、何をどう言おうかと心配してはならない。言うべきことは聖霊が教えてくださる」という箇所でした。これから私を待ち受けている状況と重なり、驚きで心が熱くなり、「自分に足りなかったのは、これだったのかな」と思いました。

こうして残りの待ち時間は、法律条文の暗唱ではなく、「聖霊が教えてくださる」と信じながら「アヴェ・マリアの祈り」を繰り返し唱え、思った以上に明るい気持ちで面接室に入りました。試験官はこちらの緊張を解くように優しく声をかけてくれ、係の人も私が休憩できるよう心配りをしてくれるなど、助けられる雰囲気の中で、自分でも驚くほどうまく質問に答えることができました。試験を終えてから、私は久しぶりに夕方のミサにあずかることができました。神父様のお説教の中で、「自分の力で行ったように思うことでも、それは実は主がなさったことです」という言葉が胸に響きました。

一カ月後に結果発表があり、私は合格しました。もちろん大きな喜びでしたが、たぶん神様が私に与えたかった本当の恵みは、別のところにあったと思います。多くの人が私のために祈ってくれたおかげで、私の心は最後に神様に信頼することができたのだ、と気づいたのです。資格が取れた喜びは時間がたつと薄れていくでしょうが、この経験は私の人生の宝になると思っています。

（神奈川　Y・T）

14 肉の心

私たちは、
兄弟と一つになる必要があります。
理想的にではなく、現実的に。
いつかそのうちに、ではなく
今この時に。

兄弟と一つになる。
それは相手の気持ちを
自分の中に感じること。

兄弟が抱えている思いを理解し、自分のことであるかのように、愛によってそれを解決すること。

兄弟の中におられるイエスへの愛ゆえに、相手になって生きること。

兄弟を愛するため、この固い「石の心」をときほぐし、「肉の心」を持つこと。

神様がくださる出会い

私は土木の技術者として働いています。この四年間は毎年異動がありました。異動先では、一日でも早く仕事を覚え、戦力になるよう努めましたが、自分の思いとは裏腹に、失敗を繰り返し、周りの人との関係がギクシャクして、仲間から浮いてしまう

 こともありました。この時の上司は、完璧を求める厳しい人だったため、私は特に目を付けられ、毎日が針のムシロのようでした。

そんなある日、私は必要以上に自分をよく見せようとし、周囲からの評価を気にしすぎていることに気づきました。そこで、自分の思いは捨て、神様がその時々に望まれる愛を具体的に実践してみようと思いました。職場の人のために神様の恵みを願いながら、毎朝挨拶をし、批判や裁きの心を持たずに相手の話を聞くよう努めました。

ただし、上司とは互いに心が通じず、難しい関係が改善されない状態のまま、彼は退職してしまいました。

先日、この元上司が、現在の私の職場を訪れました。彼の姿を目にした途端、私の頭には以前の苦い思いがよぎり、挨拶するのがためらわれました。しかし、この出会いを与えてくださったのは神様であるのを感じ、私の方から精いっぱい明るく挨拶をしました。彼は少し驚いたような表情で、答えてくれました。

以前、私が川の工事を担当していた時のことです。ある日、苦情の電話が入り、「家の前の川の護岸が沈んでいるようなので見に来てほしい」とのことでした。その日はいろいろ予定があったのですが、上司と共に駆けつけて確認してみたところ、苦情のような形跡は見られませんでした。

しかし、電話での応対から、相手が激高《げっこう》しやすい人だと分かっていたので、「よく調べ、後ほどご連絡します」と伝えると、彼は「他にも見てもらいたい所がある」と言って、少し離れた橋に私たちを連れていき、そこから見える護岸を指して、「あれは、手抜き工事だよ」と言いました。上司が技術的な説明を始めると、彼は急に怒り出し、「だからお前たちは馬鹿なんだよ」と、私たちの仕事とは関係のない不満までぶつけてきました。私は横でやりとりを聞きながら、祈るような格好で橋の手すりに両手を組んで乗せ、彼のために神様の恵みを願いました。彼は上司と話しながら、私の方をチラチラ見ていましたが、やがて穏やかな態度になっていきました。

話が終わり、私たちが車で帰ろうとすると、彼は「そちらの方向に用事があるので、途中まで一緒に車に乗せてほしい」と言い、車中では自分の家族のことなどをうれしそうに話してくれました。

神様の愛を周りに伝えるには、「自分に死ぬ」ことが求められますが、神様は、いつも私たちの歩みを照らしてくださいます。


（東京　T・S）

15　寄り添う

主よ、
孤独な人を皆、私に与えてください。
世界をのみ込んでいる孤独に対して、
あなたが感じておられる悲痛な思いを
私も感じています。
すべての病める人、孤独な人を
私は愛します。

この人々の涙を、誰がぬぐうのでしょうか。
死の陰が忍びよるこの人々と、誰が一緒に泣くのでしょうか。
絶望したその人の心を、誰が抱き締めてあげるのでしょうか。
私の神よ、この世にあって、私をあなたの愛の「目に見える秘跡」、
あなたの愛の証し人としてください。
世界中のすべての孤独を抱き締め
愛の火で燃やし尽くす、あなたの腕とならせてください。

隣人を自分のように愛しなさい

昨年十二月三十日の夜、私がホームレスの人たちのために準備したおにぎりとサンドイッチを持って公園を歩いていると、荷物を抱えて座っている男性の姿が見えました。「路上の方ですか」と尋ねると、「えっ、『路上』？　ああ……そうです」との答えが返ってきました。

「よかったら」、と食べ物を差し出すと、その方は「うれしくて涙が出ます」と言われました。失業してお金も無くなり、他県から歩きづめだったそうです。三日間も何も食べずにいたという彼に、私は安全に休める場所を紹介し、そこにいる信頼できるおじさんの名前も伝えました。後で聞いた話では、彼がその場所に行って寝ようとすると、「その格好じゃあ、寒いだろう」と自分の寝袋を貸してくれた人や、冬物の新しいジャケットを調達してくれる人もいて、彼はみんなの善意に感激したそうです。

その後、彼は仕事探しを始め、この三月にカトリックの病院のお掃除に就職が決まりました。「Ｋさんのおかげでアパートと仕事も決まりました」と報告してくれた彼に、私が「神様のおかげよ！」と答えると、クリスチャンではない彼は、「ええ、神様のお導きです！」とうれしそうでした。

それから二カ月後、彼は「お礼に」とわが家に草むしりに来てくれました。休憩のお茶のとき、彼は、「聖書に『隣人を自分のように愛しなさい』とあるでしょう？この言葉は僕のモットーで、仕事場でひどい扱いを受けても怒らず、自分のように愛するように心がけています」と話してくれました。私が「いのちの言葉(5)」を渡すと、とても喜んでくれました。

今年になって急にホームレスの人たちが増え、わが家で週二回しているおにぎり・サンドイッチ作りも、どこまでできるか不安になっていた矢先のことです。

数年前から月に一回、おにぎり作りをしてくださっている修道院のシスターの紹介で、ベトナムの人たちから「手伝いたい」という申し出がありました。何家族かが集まり、費用は自分たちで出し合い、月に一回ベトナム料理のお弁当を作ってくださることになりました。

また、先の修道会が経営する中高の校長先生からも支援の申し出があり、学校を通して呼びかけたところ、わが家には一三〇キロに及ぶ物資が集まりました。さらに有志の保護者の方々が、学校で月一回、おにぎり・サンドイッチ作りをしてくださることが決まりました。

一緒にホームレス支援をしているプロテスタントの方は、ご自分の教会で私のことを話してくれ、牧師夫人や信者さんが手分けして、おにぎりを作ってくださることになりました。

炊き出しの話を聞いたあるお米屋さんは、良いお米を破格の値段で分けてくださることになりました。

先日、ある所でホームレス支援の体験を分かち合ったところ、話を聞いたご婦人が「畑で作ったじゃがいもと玉ネギを送りたい」と言ってくださり、ちょうど炊き出しの日に、大きな箱が届き、感激しました。

このように多くの方のご厚意と寛大さに支えられ、神様の後押しを頂きながら、弱

(5)　聖書の言葉を一致のカリスマに照らして黙想し、生活の中で実践できるように解説したもの。毎月、世界中で一つのみ言葉が選ばれ、「いのちの言葉」として多国語に翻訳されている。

い人、苦しんでいる人たちの支援が続けられていることに、感謝しています。

（神奈川　C・K）

生きていてくれて、よかった！

私は、数年前、教会を探し求めて来た親子と出会いました。ご両親はにこやかに挨拶されましたが、美しい娘さんは無表情で、心を病んでいる方だと、すぐ分かりました。娘さんは、神様を知りたいという強い望みを抱いており、私たちは共に祈り、聖歌を歌い、聖書を読み始め、洗礼の準備の勉強も始まりました。親子は私との出会いをとても喜んでくださり、私も、神様から娘さんを託されているように感じました。

しばらくして、いろいろな事情から洗礼の時期が延期されることになりましたが、その頃から、彼女の状態が悪化しました。それを私に伝えるご両親の嘆きは、十字架の見捨てられたイエスの叫びそのものでした。これまでどれほどつらい思いをし、眠れない夜を過ごしたかを切々と訴えるお二人に、「愛である神様が、必ず救ってくださいます。希望を持って進みましょう」としか私には言えませんでした。

ある日、親子が私の家に来たいと言ってきました。私は、自分の家族がどう感じるかが気がかりで、おまけに、その日になったギックリ腰のため、体調がよくありませんでしたが、神様に委ねて食事に迎えました。娘さんは仕事が内定しており、その日は研修が始まる前日でしたが、不安に耐えられず、私の家から戻ったその晩、睡眠薬を多量に飲んでしまいました。

夜中に、突然ご両親から電話があり、娘さんが意識のもうろうとした中、私に会いたいと言っているので、病院に来てほしいとのことでした。私は動揺し、腰の痛みもありましたが「イエス様のために」と、勇気を出して病院に駆けつけました。娘さんは薬で眠り続けていました。病室で三時間ほどご両親の苦しみを聞いた後、「生きていてくれて、よかった」と娘さんの枕元に手紙を置いて帰りました。退院してからも、誕生日にはいつもカードとプレゼントを届け、「あなたは、神様からこよなく愛されて造られた人。あなたの存在は喜びだよ。ありがとう」と、命の大切さを伝え、私の息子が事故死で突然いなくなった時のつらさも話しました。

今、彼女は良いお医者さんに出会い、ご両親の愛情のもとで毎日、元気に仕事をしています。洗礼はまだかなえられていませんが、彼女の心にはイエス様への信仰があると私は信じています。祈りながら、これからも関わり続けたいと思っています。

（愛知　M・T）

16 母の愛

聖母マリアは、
最高の母であり、
母親の模範です。

母であるとは、
愛であること。
憐れみに満ちあふれた
愛であることです。

母親は、

わが子がどんなに過ちを犯しても、愛することをやめません。
わが子がどんなに遠くにいても、ひたすら待ち続けます。

母親の唯一の望みは、見失ったわが子を
見いだすこと、ゆるすこと、
もう一度抱き締めることです。

聖母マリアの愛は、自分の子が
どれほど嘆かわしい状況にあろうとも
非行の荒波や、危険な思想の嵐に巻き込まれようとも
変わることがありません。

それは、死よりも強い愛です。

マリア様を見つめて

小学生の息子がインフルエンザにかかりました。病院で処方してもらった薬を飲み始めたものの、翌日にも三九度以上の高熱のままでした。でも親の私たちは、「だんだん良くなるだろう」と、それほど心配してはいませんでした。

ところが、その日の午後、息子の様子を見守っていた主人が、激しい口調で私を呼びました。駆けつけてみると、息子はクルクル手を回しながら、早口で「お邪魔します、お邪魔します」と何度も頭を下げ、「宇宙」「オーケストラ」など意味の分からない言葉を早口でしゃべり続け、止まりません。主人も私も「脳をやられた」と思いました。

診察を受けた時に、医師から「万が一、意味不明の言葉をしゃべり続けたり、窓から飛び降りようとしたりなどの異常行動が五分続いたら、救急車を呼ぶように」と言われていました。「インフルエンザ脳症になってしまうと、死に至る可能性がかなり高く、助かっても、知的障害が残ることが多い」と聞いていたので、冷や汗の出るような瞬間でした。

その時なぜか、息子の中に十字架のイエス様が見えました。「あなたを愛します！」

と心の中で叫び、私は、手をクルクル回し続ける息子を、とっさに抱き締めました。「何が起ころうと、ありのままを受け止め、愛します」という祈りが湧き出てきました。ご遺体のイエス様を抱いているマリア様の姿が心に浮かび、不思議と魂の奥底には、力強さと平和を感じていました。

主人がかかりつけの病院にすぐ電話をして様子を話していると、息子のおしゃべりがとまり、目が正気に戻ったようになり、静かに座りました。その後すぐに先生に診てもらいましたが、「脳は大丈夫ですよ」と言われました。

主人は、あの恐怖の瞬間、「この子は、一生このままだ」と思ったそうです。そして、私にこう語ってくれました。「あの子を無条件に抱き締めていた君の姿を、決して忘れることはないと思う。職場にいると、あまりの忙しさに、いつのまにか神様がどこかに飛んでいってしまうけど、神様は、そんな僕の目を覚ますために呼びかけておられるような気がする。あの子がたびたび、そのための『尊い道具』のようになってくれているのを何度も経験するよ。本当に、命は神様のみ手の中だね。ああなってしまうと、どんな名医に診てもらっても、救急車を呼んでも、どうにもならなかったと思うよ。君があの子を抱き締めたあの瞬間があって、そして神様が、あの子を僕たちに返してくださったように感じるよ」。

何かとても神聖で、神様の前に立たされる瞬間を、共に生きたのを感じました。私というみじめな者の中で、マリア様が生きてくださったような気がして、ただ感謝でした。

この時期、私たち家族の中で、さまざまな苦しい経験が続いていますが、そうした中にあっても、神様の愛を純粋に強く感じられるのは、神様からの恵みなのだと確信しています。


（東京　E・Y）

17　自分の百パーセント

あるがままの自分を
そっくりそのまま
受け止める術を身につける、
これは大切なことです。

力を尽くして
神様を愛するように、と言いますが、
その「力」は
自分の持っている力であって

それ「以上の」力ではないのです。

私に八十の力があるなら、その八十の力で私は神様を愛します。あなたに百の力があるなら、その百の力で、あなたは神様を愛することができるでしょう。

一人ひとりには、「自分の百パーセント」があり、それは人によって異なります。イエスは、私たちにそれ以上をお求めにはなりません。

喜んで生きてほしい

中学生が周りの人を傷つけたり、自殺していることが話題になった時期に、部活の後輩の男の子が話しかけてきました。「死ぬのは怖くない？」と聞かれたのです。一緒にいた仏教徒の友達と私には宗教心があり、死について分かっていたので、最初は何を言っているのだろうと思って、深刻にとらえませんでした。しかし、だんだん話しているうちに、この男の子は生きがいが見つからず、生きている意味が分からないので、何をするにしてもやる気が出なくて、苦しんでいることが分かりました。そして、そのことで真剣に悩んでいたのです。ほかの友達に相談しても、友達は何を言っているんだと笑って、全然相手にしてくれなかったそうです。私と友達は、「生きがいが今すぐに見つからなくても心配しなくてもいい。ただ自分の好きなことを一生懸命やっていれば、それが生きがいになるんじゃないの」と答えました。しかし、まだ納得していないようでした。結局、私たちはそのまま家に帰りました。家に帰って母にそのことを話すと、母も同じ年頃に神様を知らなかったので、「何のために生きるのか」という同じ思いで、とても苦しんでいたと話してくれました。

私は幼児洗礼で、小さい頃から神様の存在も、生きる意味も知ることができたので、この男の子がどれほど苦しんでいるのかが分からず、母の話を聞いて、やっと事態が深刻なことに気づきました。それで、私は何か彼のためにしなければならないと思って、手紙を書きました。私自身の体験を交えて、生きがいについて書いてみました。

喜んで生きてほしいと願いを込めて励ましました。

次の日、一緒に話を聞いていた友達が、私と同じように手紙を書いていたことを知りました。彼女も彼の話を聞いて、彼のために何かしなければならないと感じたそうです。私たちは相談もしないのに、同じことを感じ、同じことをしたので、私は聖霊が働いていることを感じて驚きました。

その後、彼は「ありがとう。手紙をもらって元気になった。今はうまくいっている」と言いました。神様が彼のために私を遣わされたことが分かりました。私たちは、若者に生きる喜びをもたらすことができるように努力したいと思います。


（愛知　N・T）

本物の愛の行い

僕が今、喜ばれている愛の行いは、買い物です。僕の家では、お父さんが亡くなり、お母さんが働いているので、安い品物を買う必要があります。

お母さんが仕事の後、疲れているのに重たい物をたくさん買ってくるのは大変なことです。食べ盛りの僕たち子どもが五人もいるからです。

僕は新聞配達をしていて、その近くにとても安い物を売っているスーパーマーケットがあります。だから、毎日、安い物を買うことができます。お米も一カ月に三十キロ食べるので、お母さんは、「重たい牛乳やお米を運んでくれるので、とても助かる」と喜んでくれます。

新聞配達によって、自分のお小遣いの分を助けています。僕の仲良しの友達が新聞屋さんの子であることと、その近くに安いスーパーマーケットがあり、安い米屋もできたことは、すべて神様のお計らいだと思っています。しかし、牛乳を家まで運ぶ時、慎重に運ばなくてはならないし、お米を持ってくる時は、重くて、坂を登るのがつらいこともあるけれど、「自分が苦しまなくては、本当の愛の行いではない」というキアラ・ルービック(6)の言葉を通して、イエス様のことを思いながら頑張っています。

（愛知　I・T）

（6）　キアラ・ルービック（一九二〇～二〇〇八）　フォコラーレ運動の創立者。

18　神から呼ばれる――召命

召命とは、神から呼ばれること。
自分に注がれる神の愛のまなざしに
気づく時に始まります。
実際には、私たちが生まれる前から、
神のまなざしは注がれていました。
むしろ、神はその召し出しのため、

私たちが地上で
そのご計画を実現するために、
世に私たちを生み出されたのです。

召命は、偉大なもの、私たちの人生の究極の目的です。
召命は、この世で最も美しいものの一つです。
人は召命を感じる時、
よく畏れや心配、時には疑いや恐れすら覚えます。
しかし、自分の召命を発見した時には、喜びを体験します。
何よりもすばらしい瞬間は、
人が神から呼ばれるのを感じる時、というより
むしろ、それに自ら「はい」と答える時、
人の思いが神の思いと一つになる時です。

生活様式ではなく、まずイエス様を選ぶ

私は幼児洗礼ですが、小さい頃から「召命」という言葉をよく耳にしていました。
そして「召命」とは司祭職、修道生活といった生き方を選ぶことだと長い間考えてい

ました。

日曜日に教会で司祭の姿を見るたびに、もしかしたら自分にも……と子どもながらにかすかなあこがれを抱いていた私は、誰かに「あなたには召命があるかもね」などと言われたりすると、うれしく感じたものです。

高校を卒業し大学に進む頃になると、私は自分の中に一つの神様の像を作り上げてしまっていました。その神様は事あるごとに、「あなたは司祭になるのですよ」と私に語りかけ、やがて私はその声をとても窮屈に感じ、そこから逃げたいと思うようになりました。司祭職、修道生活というものも、「これはあなたの道ですよ」というように神様から一方的に差し出されたチケットみたいで、考えるのも嫌になってしまったのです。「僕にはやりたいことが他にたくさんあるのです。どうか放っておいてください！」。

大学生活を終えて就職し、仕事に打ち込むようになると召命などということはほとんど考えなくなっていました。職場では幸いに人間関係もうまくいき、仕事に打ち込んでそこそこの給料をもらい、特に不満のない生活でした。しかし、それでも時折、心のどこかに不思議とむなしさや物足りなさを感じ、何かを求めて、やはり教会には通い続けていました。

フォコラーレに出会ったのは、ちょうどそんな頃でした。年に何度か集まりに参加するたびに、福音を日々の生活の中で具体的にどうやって生きたらいいのかを学んで分かち合い、心にあるむなしさを満たしてくれそうな不思議な魅力をそこで感じるようになりました。それから一年半後、私と同じく二十代後半の仲間六人とイタリアに旅をする機会が訪れ、ロッピアーノというフォコラーレの町（40頁 参照）に十日間ほど滞在することになりました。六人ともそれぞれが自分の将来について模索し、何かを探し求めていた時期でした。そこで出会った人たちの話を聞きながら、時間を忘れてそれぞれの心の内を語り合いました。そしてこの滞在を通して、私はある大切なことに気づかされたのです。

それまでの私は、「召命」と聞くと、まず修道生活、家庭生活、司祭職といった何か特定の生き方を選ぶことだと思っていました。でも実は「召命」とか「召し出し」という言葉には、もっと身近で基本的な意味があったのです。

つまりどういった生き方・生活様式を選ぶかではなく、まずはイエスを選ぶこと、日々喜びをもってイエスのみ言葉に身を委ね、一つ一つの出来事や、出会いを通してその呼びかけに「はい」と答えていく根本的な選択があるのです。聖書のどこを見ても、「あなたは司祭になりなさい」「あなたはこの人と結婚しなさい」というようなことをイエスは決しておっしゃっていません。ただ、「わたしに従いなさい」とだけ言われるのです。日々の生活の中でキリストに従うという選択を繰り返していく、これこそキリスト者が招かれている生き方なのだ。神様が私に望まれていたのは、司祭になったり修道会に入ったりすることではなく、第一にイエスを選び、彼に従う生き方だったのだと気づきました。

私は自分の中で作り上げたあまりに狭く小さな神様に縛られ、その声から逃げたいという思いでいっぱいでした。でも神様の望みは、もっと別のところにあったのです。それに目が開かれた時、逆に不思議と「司祭や修道生活もいいかな」と気楽に受け止めることができるようになったのです。

イタリアの旅から帰って三カ月後に、私は勤めていた会社を辞めて、間もなく修道会に入りましたが、その時には、もう以前のような不安や窮屈さは感じなくなっていました。私の自由を尊重し、大きな愛で受け止めてくれている神様を信じることができてはじめて、新たな一歩を踏み出すことができたのだと思います。

司祭に叙階されて一年半がたちましたが、み言葉を生きるというのはそれほど容易なことではないと、つくづく感じることがあります。ときには大きなチャレンジを伴います。でもこのチャレンジを乗り越えていくことで、神様の望まれる姿に少しでも近づいていけるならば、そしてそれによって自分が成長し、変えられていくならば、それこそ召命を真に生きることになるのだと思います。

（東京　H・S神父）

何が起きても、必ず神様の愛がある

私は三人兄弟の末っ子として、愛情豊かなカトリックの家庭に育ち、十五歳の時に父の仕事のため、家族みんなでカナダに引っ越しました。特に最初の数年は、言葉の壁や内気な性格もあって苦しいことがたくさんありましたが、その分、私は神様の愛に敏感になっていったように思います。

大学ではデザインを学び、フォコラーレで若者の活動に参加しながら充実した日々を送っていましたが、「悔いのない人生を送りたい」「神様が私をどの道に呼んでおられるか知りたい」という望みを抱くようになりました。そして、フォコラーレで共同生活をする自己奉献の道を考えるようになりましたが、「神様が本当にこれを私にお望みなら、しるしがほしい」と思いました。

私には考えすぎる傾向があり、「何年後かに自分の道でないと分かったら?」「誘惑に陥って召し出しに忠実でいられなかったら?」「幸せだと感じられなかったら?」など、さまざまな考えにとらわれてしまい、悩みました。

ある日、「どんなものであっても、あなたのみ旨を受け入れますから、しるしを与えてください」とイエス様にお願いする決心をして、ミサに行きました。すると、その日の福音の箇所は、「今の時代の者たちはしるしを欲しがるが、決してしるしは与えられない」だったのです。あまりにもはっきりしたこの答えにびっくりしましたが、このみ言葉の中に、神様からの大切なメッセージを感じました。神様の招きは頭で全部理解するものではないこと、私が自由な意思で神様を選ぶのを神様はお望みであることが分かったのです。

そんなある日、神様から深く愛されているのをとても強く感じた瞬間がありました。もし、「神様の呼びかけが聞こえたのはいつですか?」と聞かれるなら、この瞬間だったと私は答えるでしょう。将来何が起こるとしても、そこには必ず、神様の愛があると確信できた私の心から、失敗に対する恐れは消え去りました。

こうして数カ月前から、私はイタリアにあるフォコラーレの町「ロッピアーノ」に住み、フォコラリーナの道を望む世界各国からの若者と共に養成の期間を過ごしています。神様は私に大きな平和を与え、一歩一歩導いてくださるのを日々経験しています。

（東京　M・K）

19　一つの家族

もし私が、
今日地上を後にするとしたら、
「一つの家族であってください」
というひと言を最後に残します。
皆さんの間で、
精神的に苦しんでいる人がいますか？
母親のように、
母親以上にその人を理解し、
皆さんの言葉や模範で
照らしてあげてください。

家庭の温かさで包んであげてください。

健康面で苦しんでいる人がいますか？　その人は、特別愛されるべき人です。苦しみを共に担い、心底理解してあげてください。

皆さんの間に、死を迎える人がいますか？　彼らの立場になり、私たちが人生最期の時にしてもらいたいことを、してあげてください。

何かの理由で、喜んでいる人がいますか？　一緒に喜んでください。その人の魂が閉ざすことなく、喜びが皆のものとなるように。

共に生活する兄弟と「家族」を作る心、これを一番大切にしてください。

他のすべてのことは、この後に来ます。

皆さんにできる最もすばらしいことは、行く先々に「家庭の精神」をもたらすことです。それは謙遜で、相手の善を願う、真実の完全な愛です。

もし私が、皆さんを残して、地上を後にするとしたら、私の中におられるイエスが、こう言ってくださるよう願います。「互いに愛し合いなさい。皆が一つになるように。」

神様を中心においた新しい家族

両親が僕に離婚すると告げたのは、十四歳の時でした。僕にとって、自分の家族がばらばらになってしまうなど、まったく考えられないことでした。そればかりか、父は、他の女の人と一緒に暮らすというのです。僕が何も分からなくなって途方にくれていた時、偶然、ある若者たちと出会いました。彼らは、仲間たちと一緒に、聖書をそのまま生活の中で実行に移そうとしている人たちでした。

自分の身に起こったことを彼らに話しました。すると彼らは、イエスがおっしゃったように、私たちは、誰も裁いてはいけないのだと話してくれました。でも、こんなことをしようとしている僕の両親をも裁くなと言うのでしょうか。これから父が一緒に住むという、相手の女の人も裁くなと言うのでしょうか。それは、自分にはできないことのように思われましたが、とにかくやってみようと決心しました。

まず、誰に対しても、できるだけ話をよく聞いて、その人が言おうとしていることを理解するように努め、慰めるようにしました。親戚中がそんな態度にあきれて、僕を責めていましたが、イエスご自身が「この最も小さい者の一人にしたのは、わたしにしてくれたことなのである」とおっしゃったのです。どうしてそのような態度をとるのかを説明しながら、聖書に書いてあることを百パーセント実行したいのだと言うと、親戚の人たちは、みんな僕のことを、イエスのおとぎ話を信じている、何も分かっていない純な人間だと言いました。

少しずつすべてのことが、神様からのお恵みだと分かるようになりました。そして自分の家族が崩壊していく一方で、血縁ではなく、神様を中心に置いて、お互いの愛によって結ばれている新しい家族を発見していきました。その人たちといる時には、ありのままの自分になれ、全部心を開いて、苦しみを一緒に背負ってもらっていると感じることができました。そして、苦しみを愛する時、平和が訪れるということを学びました。本当にそのとおりでした。僕の周りにも、少しずつその実りがもたらされていきました。母の信仰は前よりずっと堅固になり、父も次第に神様を意識するようになりました。父の二番目の妻は、無神論者だったのにもかかわらず、自分の子どもが生まれた時には、洗礼を授けることを望みました。

ある日、父は僕に、「お前が私の目の前で、冷たくパタンとドアを閉めてくれた方が、よっぽど良かった。お前の予想外の、あまりの愛に（実は僕自身は、内心とても苦しんでいたのですが……）私はすっかり動転してしまい、もう何も分からなくなった」と打ち明けてくれました。父は、僕がどうしてそんな行動をとれるのかと不思議に思い、僕を支えている信念、生き方に関心を寄せました。

それから、数年がたった昨年の八月、父と一緒に住んでいた女性が、妊娠八カ月で悪性腫瘍という診断を受けました。それを聞いた僕は、毎日彼らのところに出かけて行き、九歳になる上の子の遊び相手をするようにしました。やがて、相手の女性は女の子を出産した後、抗がん治療に入りました。けれども、経過は決して芳しいものではありませんでした。父は、周りの人たちやみんなとけんかをするようになりました。父はとても神経質になって取り乱していました。死を間近に控えた妻と、お母さんを呼び求める小さな娘、そして生まれたばかりの赤ん坊。

母と一緒に、この時も神様の愛から目をそらさないように生きようと誓いました。少なくとも、小さな子どもにとっては、クリスマスがお祝いのひとときになるようにと、私たちは、父のもとでクリスマスを過ごすために出かけていきました。最初、私たちの間で少し言葉を交わし始めた時、相手の女の人は、私たち家族のクリスマスを台無しにしてしまって、本当に申し訳ないと泣き始めました。私たちは、そんなことはないのだと彼女を慰め、今こうして、初めて彼女とも一緒にクリスマスを過ごせるではないか、と言いました。彼女は、ずっと泣き続けていました。

僕は彼女にプレゼントを手渡しました。

彼女は、二カ月を病床で過ごしました。母と僕は、その間ずっと彼女に付き添い、父の傍らにいました。その間に彼女はどんどん変わっていきました。苦しみの中にいながら、そこで神様と出会い、今、自分が神様の近くにいることを感じていました。そして、「もし、治るなら、前とはまったく違う新しい生活を始めたい」と何度も言っていました。そして、二月のある日、彼女はこの世を去りました。

僕は、それからしばらく父のもとにとどまり、父の娘と遊んだり、赤ん坊のオムツを取り換えたり、ミルクをあげたりしていました。父と僕は十五年もの間、お互いに離れて暮らしていたので、急に一緒に暮らすことは決してスムーズなことではありませんでしたが、私たち二人の関係は、その間にとても近づいたと言えます。下の子に洗礼を授ける時、父は僕に、こう頼みました。「この子の代父になってくれないかい。母親も、それをきっと望んでいると思うから」と。


（フィリピン　R・C）

あとがき

「わたしの兄弟であるこの最も小さい者の一人にしたのは、わたしにしてくれたことなのである」（マタイ25・40）というイエスのみ言葉にあるとおり、私たちが隣人に対してすることを、イエスはご自身になされたこととして受け取られます。神様への愛と、隣人への愛は切り離すことができないということ、兄弟とのやりとりは、神様とのやりとりになるということでしょう。

第二バチカン公会議以降、私たちが神に向かう道において、隣人の大切さが強調されてきました。公会議の文書にも、「すべての人に父として配慮する神は、すべての人が一つの家族を構成し、相互に兄弟の精神をもって接することを望んだ。……すべての人は……神ご自身に向かうよう召されている。……人間は、他者との交流や相互奉仕、兄弟としての対話を通して自分の才能を伸ばし、自分の召命にこたえることができる」（現代世界憲章24、25　参照）と述べられています。

フォコラーレの月刊誌「UNO」には、人々との関わりの中で、聖書を具体的に生きようとした日常生活の体験がたびたび紹介されてきました。そのような福音的愛の体験を一冊の本にまとめてはどうか、という声がちょうど出されていた頃、教皇フランシスコの使徒的勧告『福音の喜び』は、私たちにはっきりとしたモチベーションを与え、その後押しをしてくれました。

教皇は、次のようにおっしゃっています。「わたしたちは、置かれている状況に応じてイエスにかかわる方法を見付けなければなりません。救いをもたらす主の愛についてはっきりと証しするよう、わたしたち皆は呼ばれているのです。……あなたが見付けたもの、あなたを生かすもの、あなたに希望を与えているもの、これこそあなたが他者に伝えるべきものです」(『福音の喜び』121)と。

二〇一六年十一月二十日、「いつくしみの特別聖年」閉幕ミサの中で、教皇フランシスコは、たとえ聖なる扉が閉じられても、「真のいつくしみの扉は、いつも私たちのために広く開け放たれたままです」「私たちがいつくしみを受けたのは、いつくしみ深くなるためです」と強調されましたが、そのためにも本書が、読者の皆さまにとって、何らかの励まし、支え、助けとなりましたらうれしく思います。

なお、本書の編集にあたっては、体験談を提供してくださった方々の言葉をできるだけそのまま生かすように努めました。

最後に、本書のために貴重な助言、ご協力をいただいたすべての方に心から感謝いたします。編集発行にあたっては、サンパウロ編集部の皆さまにひとかたならずお世話になりました。ここに改めて感謝申し上げます。

編集部

出　典

まえがき《まえがき》　**目に見える兄弟を愛せないで、どうして目に見えない神を愛せましょう。**

イジーノ・ジョルダーニ『*L'unico amore*（唯一の愛）』（チッタ・ノーバ社刊　一九七四年）参照。

1　わたし　兄弟　神様

一ヨハネ3・14。

2　ゆるし

ミッシェル・バンデレン監修『*Chiara Lubich—la dottrina spirituale*（霊性の教義）』（モンダドーリ社刊　二〇〇一年）一四四頁　参照。

3　現代人への招き

キアラ・ルービック『プリズム』（東京フォコラーレ　一九九六年）一—二頁。

4　祈り

パスクワレ・フォレジ（フォコラーレ運動共同創立者・フォコラリーノ司祭）『*Dio ci chiama*（神は私たちを呼ばれる）』（チッタ・ノーバ社刊　二〇〇三年）一一五—一一六頁　参照。

5 **死**

キアラ・ルービック『あたらしい道』（東京フォコラーレ　二〇〇五年）一六二―一六三頁　参照。キアラ・ルービック『日記』（一九六八年十二月十三日）。

6 **福音宣教**

キアラ・ルービック『あたらしい道』（東京フォコラーレ　二〇〇五年）一一二―一一三頁　参照。

7 **違い**

日本で開催された夏のマリアポリにおいて黙想に使用されたテキストより（東京フォコラーレ　二〇一三年七月十五日）。

8 **み言葉**

キアラ・ルービック『*Scritti Spirituali/3*』（チッタ・ノーバ社刊　一九七九年）一三四―一四四頁　参照。

9 **闇**

キアラ・ルービック『*Dio ti ama immensamente*（神はあなたを限りなく愛しておられる）』（チッタ・ノーバ社刊　二〇〇九年）一六、四二頁　参照。

10
天の父
キアラ・ルービック『*Maria trasparenza di Dio*（神を映し出す方マリア）』（チッタ・ノーバ社刊
二〇〇三年）六九頁　参照。

11
老い
イジーノ・ジョルダーニ（フォコラーレ運動共同創立者）『*Diario di Fuoco*（火の日記）』（チッタ・
ノーバ社刊　一九九二年）八八、九一、九二、九五頁　参照。

12
喜び
キアラ・ルービック　一九八七年十二月のために書かれた「いのちの言葉」参照。

13
信頼
キアラ・ルービック『毎瞬間が贈り物』（東京フォコラーレ　二〇〇四年）三七頁　参照。

14
肉の心
キアラ・ルービック『*L'arte di amare*（愛の芸術）』（チッタ・ノーバ社刊　二〇〇五年）。

15
寄り添う
キアラ・ルービック『プリズム』（東京フォコラーレ　一九九六年）一三―一四頁。

16

母の愛

レオノール・サリエルノ『*Maria negli scritti di Chiara Lubich*（キアラ・ルービックの書き物における聖マリア）』（チッタ・ノーバ社刊　一九九三年）一四五頁　参照。

17

自分の百パーセント

キアラ・ルービック『*Come un arcobaleno*（虹のように）』（チッタ・ノーバ社刊　一九九九年）三四〇頁。

18

神から呼ばれる――召命

パスクワレ・フォレジ（フォコラーレ運動共同創立者・フォコラリーノ司祭）『*Dio ci chiama*（神は私たちを呼ばれる）』（チッタ・ノーバ社刊　二〇〇三年）六五頁　参照。

19

一つの家族

キアラ・ルービック―フォコラリーニたちに向けた話（ロッカディパパ　一九七三年十二月二十五日）。

【編集・監修】

フォコラーレ

1943年、キアラ・ルービック（1920～2008年）の自己奉献により、北イタリアトレントでフォコラーレ運動（正式名：マリアのみ業）が誕生。「皆が一つになりますように」というイエス・キリストの祈りの実現に向かって、愛と一致の精神は、カトリック教会の枠を超え、諸キリスト教会、諸宗教、さらには特に宗教を持たないという人々の間にも広がった。国境、世代を超え、この精神を生きる人々によって、兄弟姉妹愛と一致の文化が世界の至る所に築かれている。創立者キアラ・ルービックには、宗教界のテンプルトン賞（1977年）をはじめ、ユネスコ平和教育賞（1996年）、欧州人権賞（1998年）ほか、数々の名誉博士号が授与されている。2013年、教皇庁によりキアラ・ルービックの列福調査が開始された。

美しいものを信じて

兄弟を通して神様のもとへ

著　者――編集・監修：フォコラーレ

発行所――サンパウロ

〒160−0004　東京都新宿区四谷 1−13　カタオカビル 3 階
宣教推進部（版元）(03) 3359−0451
宣教企画編集部　(03) 3357−6498

印刷所――日本ハイコム㈱

2017 年　2 月 27 日　初版発行

写真：Getty Images

ISBN978-4-8056-0811-1　C0016（日キ販）
落丁・乱丁はおとりかえいたします。